Carnet

Marc Fichou

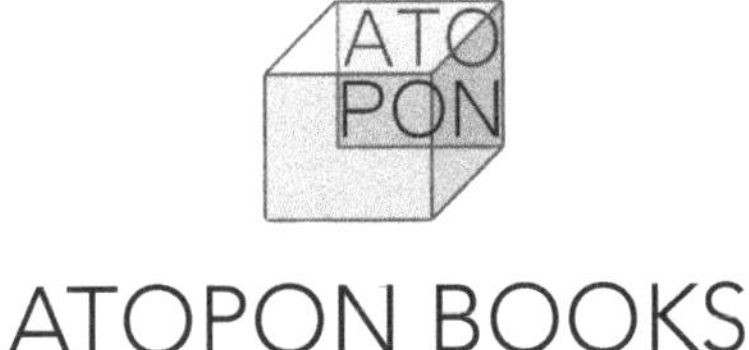

ATOPON BOOKS

Atopon Books
907 15th Street
Santa Monica, California 90403
United States

Library of Congress Cataloging-in-Publication data

Names: Fichou, Marc, author.
Title: Carnet / Marc Fichou.
Description: Santa Monica, CA: Atopon Books, 2023.
Identifiers: LCCN 2022943411 | ISBN: 979-8-9866109-6-2 (hardcover) | 979-8-9862104-0-7 (paperback) | 979-8-9866109-8-6 (ebook)
Subjects: LCSH Art, Modern—21st century. | Art and technology. | Art and philosophy. | BISAC ART / General | ART / Modern / Video art | ART / Individual Artists / Artist's Books
Classification: LCC N43.F73 2023

Printed in the United States of America

Inverses Spatial Virtuel 7.83

Causalité

3.6.9

Intellect

Hexagone

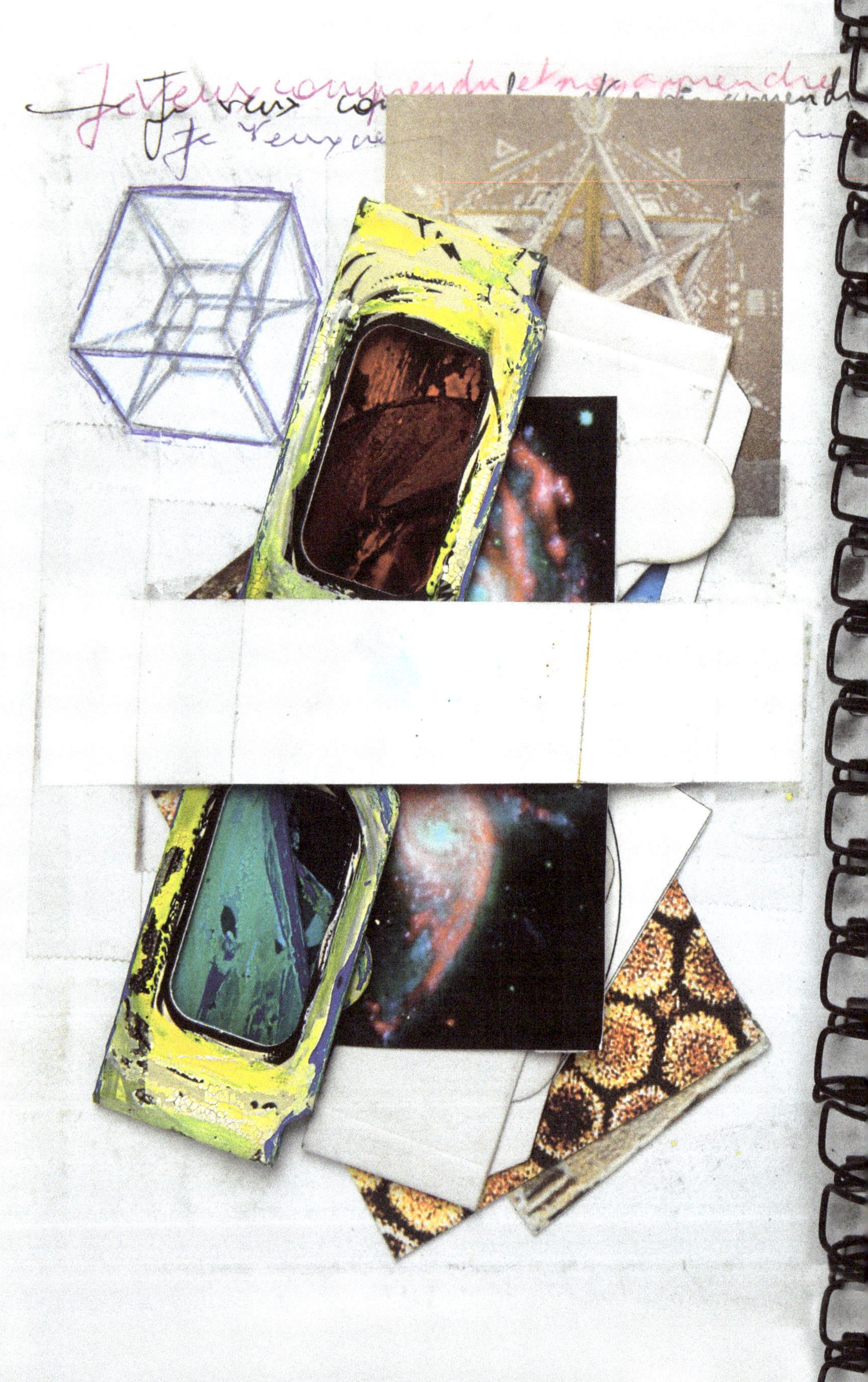

L'infini - fini

Par l'émergence de sa conscience
la nature (le tout) se fait exister.
Par le biais de ses organes (ses parties)
elle se contemple...

2D/3D

Point de contact

Miroir - Fractales - Double - Repetition

Espace - Matière

Peinture - Sculpture

Flèche

Flèche

2D: Symbols Infini
3D: Structure Fini

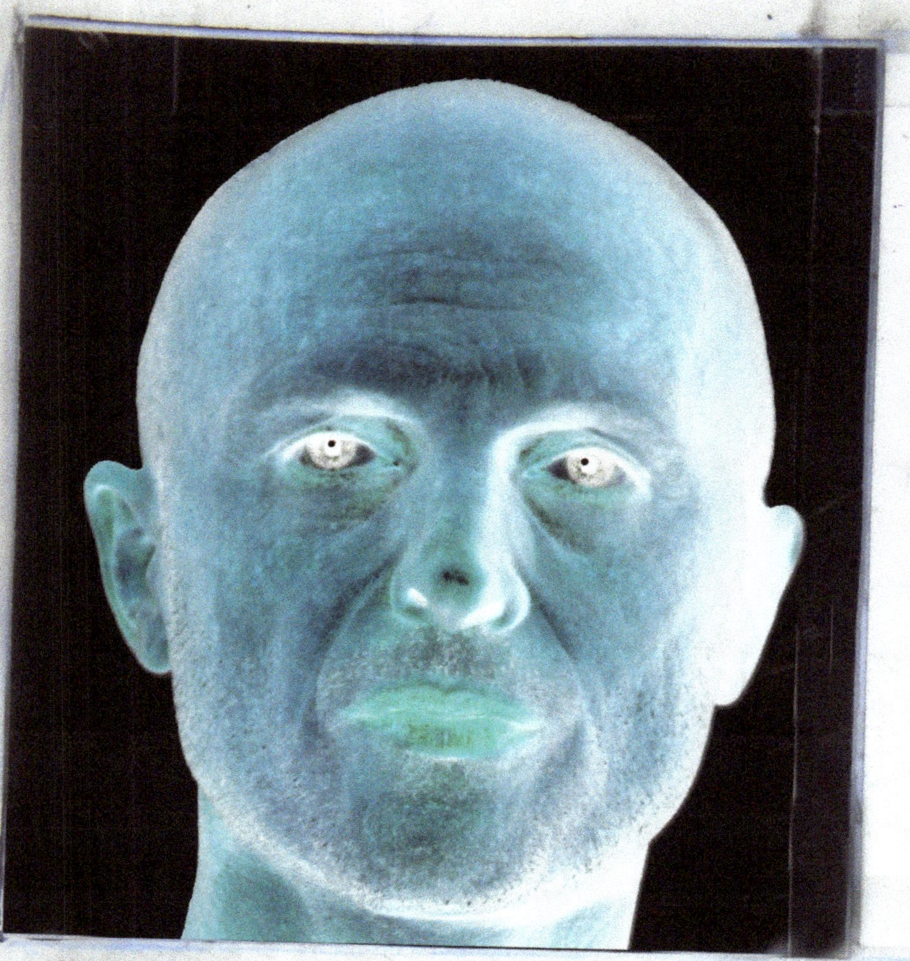

Négatif//Positif; fixer le point sur le nez pendant 30sec puis regarder le carré blanc

4D

Holographique

Hypercube

Omniscient

L'infini dans le fini

optique

2 angles de vue dans le Temps

2 angles de vue dans L'espace

Information "busy"

Réalité

Epuré Géométrique

Oublier pour se trouver. Non pas le moi, le soi etc...
Mais l'infini, le continu, le perpetuel, l'ininterrompu
Perdre ses repères, certitudes, identités, attachements.
En quelque sorte, se faire disparaître.

Futur à la fois — Pour apparaître je dois disparaître

Perception

Crossed eyes

↓

Présent

Passé

Futur

Voir c'est percevoir en même temps, le passé et le futur proches. Par exemple quand je regarde un objet, le laps de temps que met l'image (lumière) à parvenir dans mon oeil et de mon oeil au cerveau est en décalage avec le réel, donc je "vois" une image du passé. Mais la connaissance de l'objet regardé me fait anticiper ce que je vais voir (l'objet en question) Passé et futur se conjuguent pour faire apparaître ce que je regarde. Je ne peux voir que ce que je connais (Re connaître).

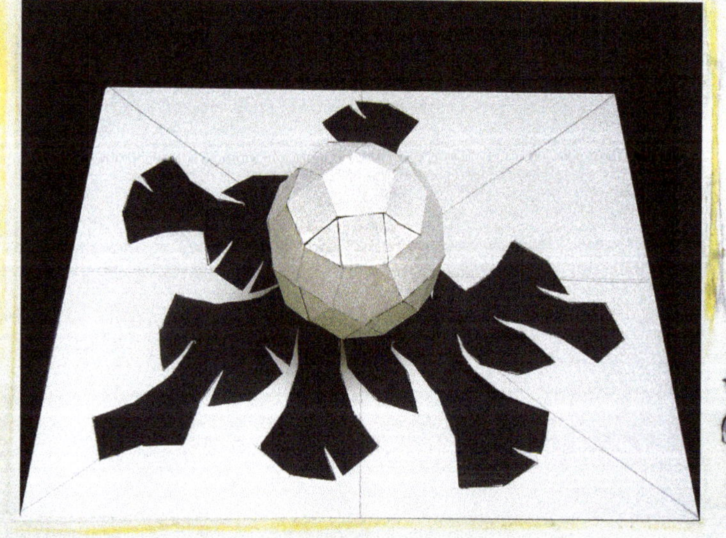

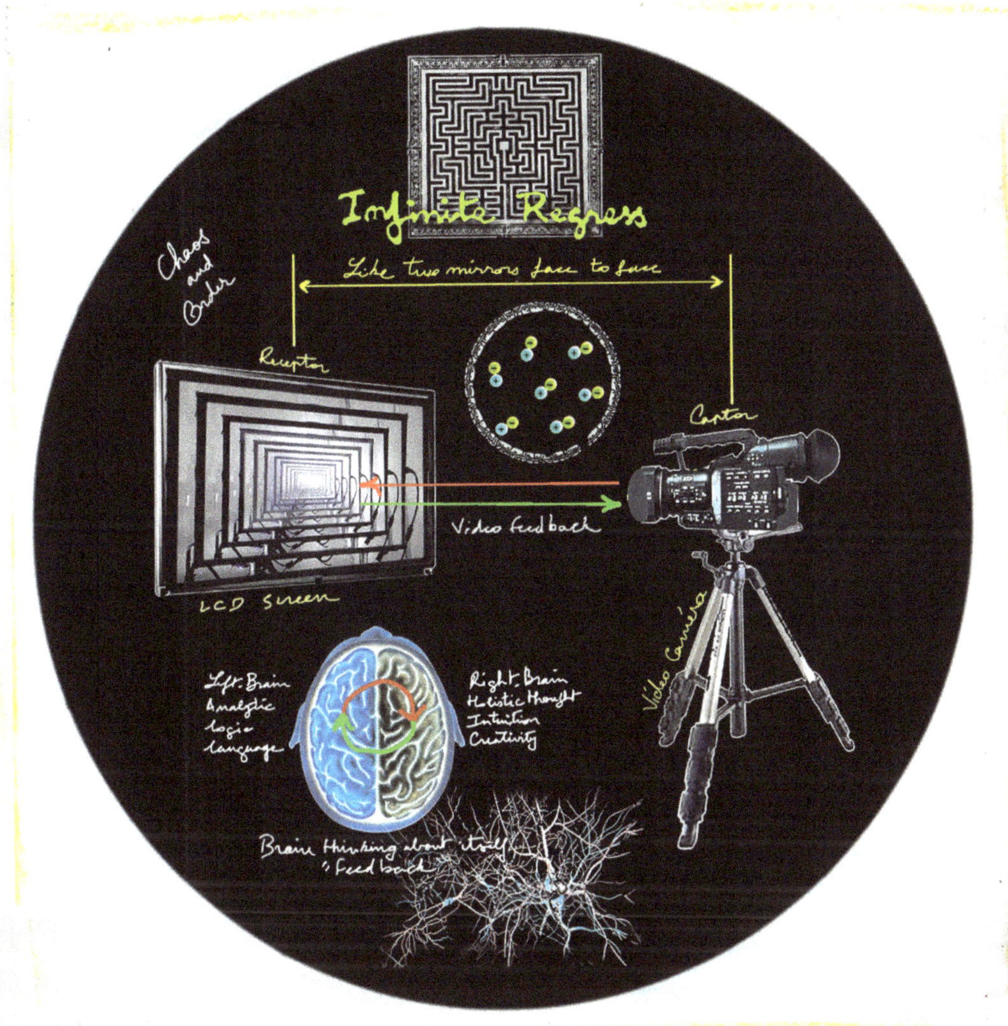

Le video feedback est l'équivalent de deux miroirs face à face qui se reflètent l'un dans l'autre - Un système sans départ ni fin - Un serpent qui se mange la queue - Une compression du temps et de l'espace - Cyclique

Passé Present Futur

Holisme

Réductionnisme

Espace vide Contenu

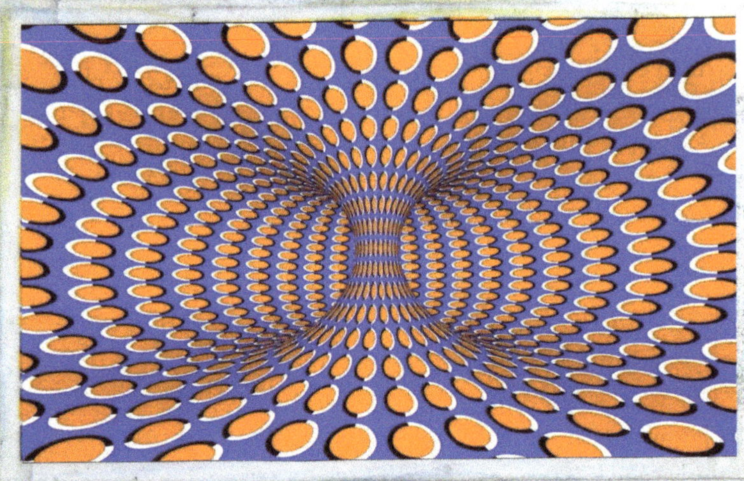

Le présent est un état non passage. La permanence est une illusion générée par l'information (mémoire, anticipation, imagination...). Pour que la chose apparaisse elle doit de la même manière disparaître. En perpétuel mouvement la réalité présente nous apparaît permanente. La musique est l'art le plus proche du rythme de la vie.

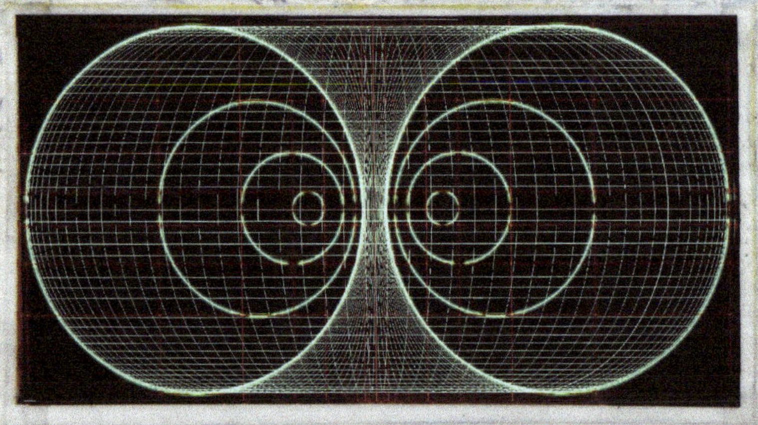

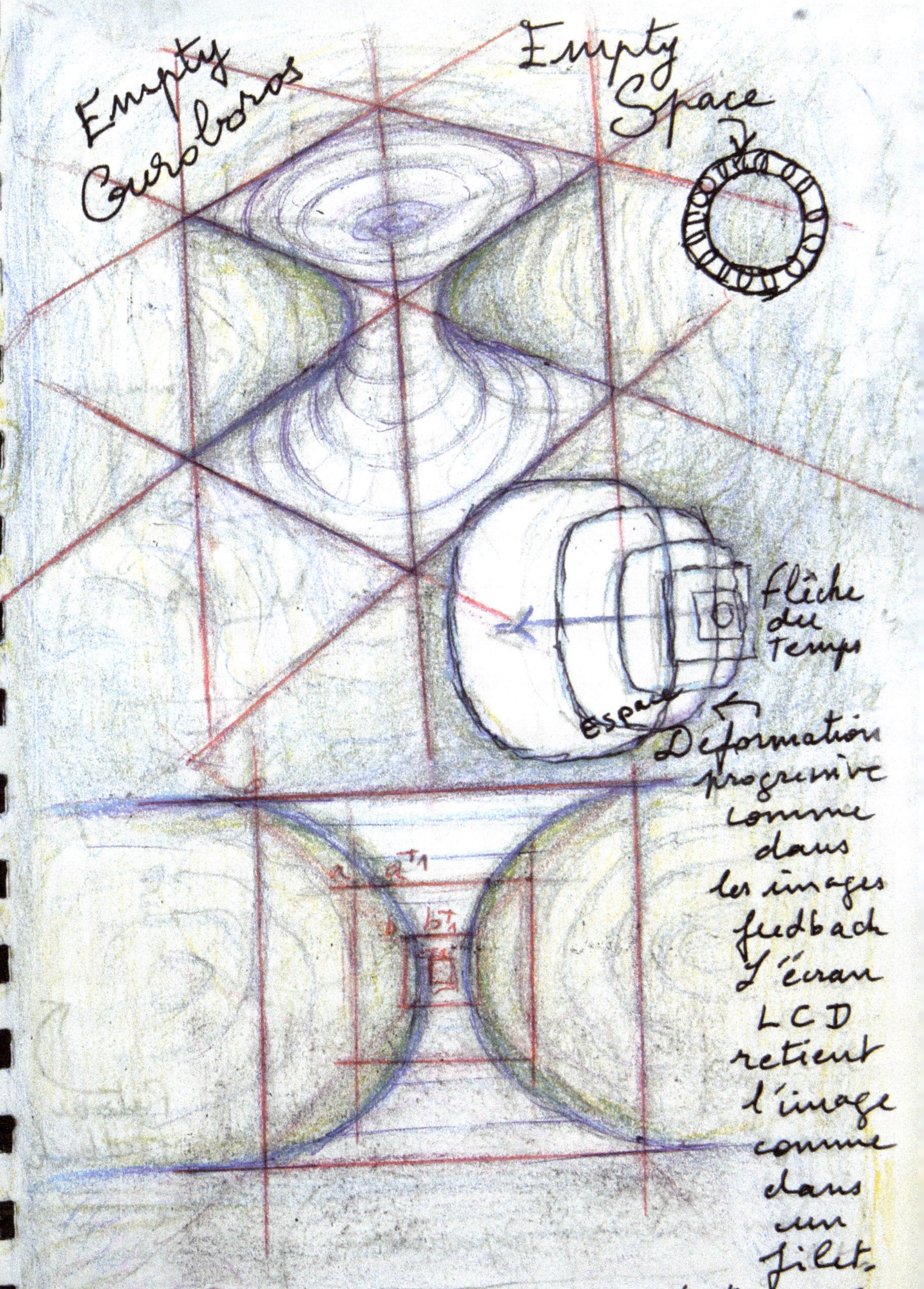

Empty Ouroboros

Empty Space

Flèche du Temps

Espace

a a^{t_1}

b b^{t_1}

Déformation progressive comme dans les images feedback l'écran LCD retient l'image comme dans un filet brûl-

L'observateur est ce filet il ~~déforme~~ Retient

Théorie des bifurcations

Brisure de symétrie
Inversion

Self-organized image from video-feedback.

Snowflake photomicrograph

Selforganized image

Snowflake

origami Snowflake

Complexité de Kolmogorov = non décidable : aléatoire

1
2
3

Cube Central

Futur

passé

Point de singularité

Présent
Emergence
Vie

Actuel

Microcosm

Future

Past

Macrocosm

Retour
Feedback

Retour
Feedback

Past

Future

Spacetime Compression

passé

P F

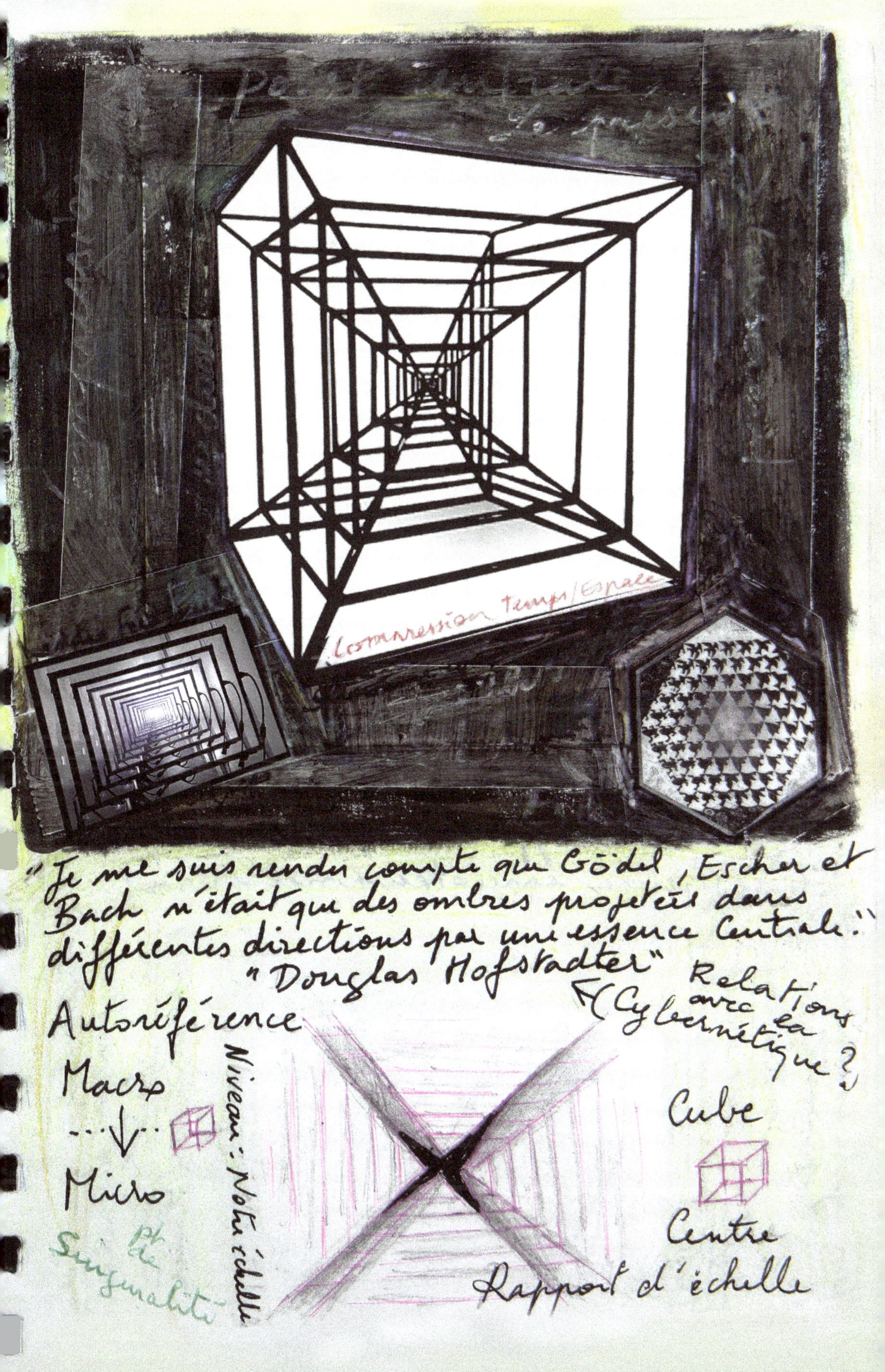
Compression Temps/Espace
"Je me suis rendu compte que Gödel, Escher et
Bach n'était que des ombres projetées dans
différentes directions par une essence centrale."
"Douglas Hofstadter"
Relations avec la Cybernétique?
Autoréférence
Macro
Micro
Pt de Singularité
Niveau : Notre échelle
Cube
Centre
Rapport d'échelle

Référentiel héliocentrique (Kepler)

Futur — passé

point Référentiel

Actualité maintenant

Passé Futur : même chose à deux moments différents_ Basé sur le point de référence spaciotemporel "présent".

Un cycle constamment présent

Durée — Sentiments

Instant — Intellect — mouvement — Statique

Cyclique — Statique

Géométrie — Euclide

Organique — N-Euclide

vie — Joie — Beau

mort — tristesse — Laid

Système nerveux Central.

feedback point factor →
If every moment is co-creating every other moment both forward and backward in time

This type of network would possess a strange quality. It would be self actualized its own creation

Référentiel héliocentrique (Kepler)

Soleil

Terre

Soleil

Terre

3 étoiles fixes

Instant t_1

Instant t_2

2 Positions dans le temps et l'espace de la même chose.

Causality

Retro causality

Un univers holographique
donc ~~émergeant~~ la nature
émergente de l'espace-temps.

Emotion of time – Feeling of time

Observer

Observer
Contact

Time

FUTURE

Space

Present
HYPER SURFACE

PAST

Finite

Present
Reality

Past

Future

Matter

Infinite

Waves

Reality

REAL

3.14159265...

GOD — SCALE

Je suis dans le monde
et le monde est en
moi.

feedback loop
entre le créateur
et lui-même.
Le tout comprend
ses parties mais
entre autres.

Wolfgang Pauli
Synchronicity

Paradoxe de
Fermi

Effect 0

1 Cause

Rien derrière

Cause

Effect

2 mirrors
face to face

1

0 Future Past

Past Future

PRESENT
DURATION

L'Un procède à la fois du pair et de l'impair puisque, ajouté à un nombre impair, il donne un nombre pair et vice-versa. Hypercube

4

2D

3D

4D

Terre

1+3

ombre du cube

Kabbalah > étymologie de Kabba : "Le cube"

11

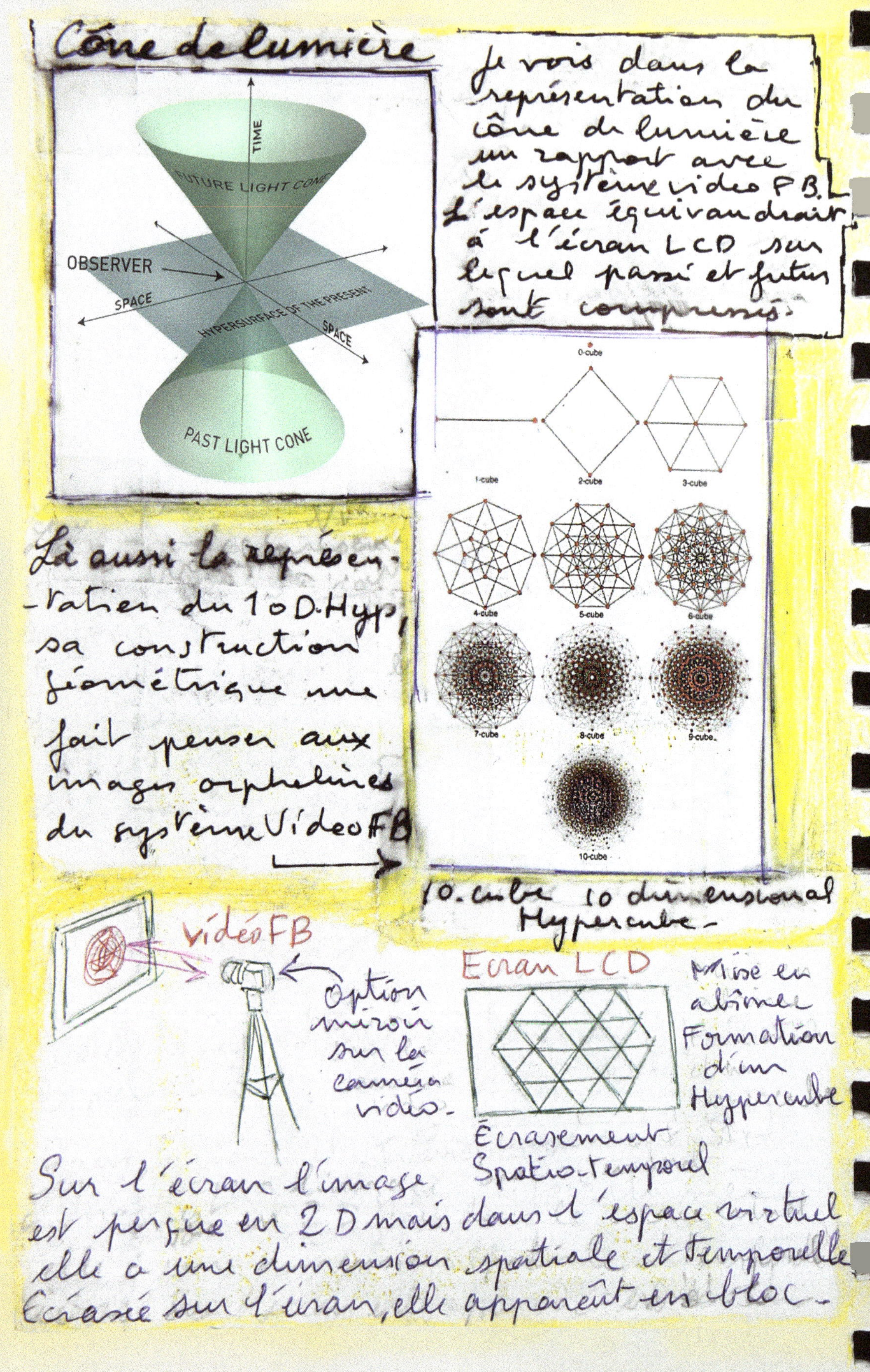

Cône de lumière
Je vois dans la représentation du cône de lumière un rapport avec le système vidéo FB. L'espace équivaudrait à l'écran LCD sur lequel passé et futur sont compressés.
TIME
FUTURE LIGHT CONE
OBSERVER
SPACE
HYPERSURFACE OF THE PRESENT
SPACE
PAST LIGHT CONE
Là aussi la représen-tation du 10D-Hyp, sa construction géométrique me fait penser aux images orphelines du système Vidéo FB
0-cube
1-cube
2-cube
3-cube
4-cube
5-cube
6-cube
7-cube
8-cube
9-cube
10-cube
10-cube 10 dimensional Hypercube-
Vidéo FB
Option miroir sur la caméra vidéo-
Ecran LCD
Mise en abîme Formation d'un Hypercube
Écrasement Spatio-temporel
Sur l'écran l'image est perçue en 2D mais dans l'espace virtuel elle a une dimension spatiale et temporelle. Écrasée sur l'écran, elle apparaît en bloc-

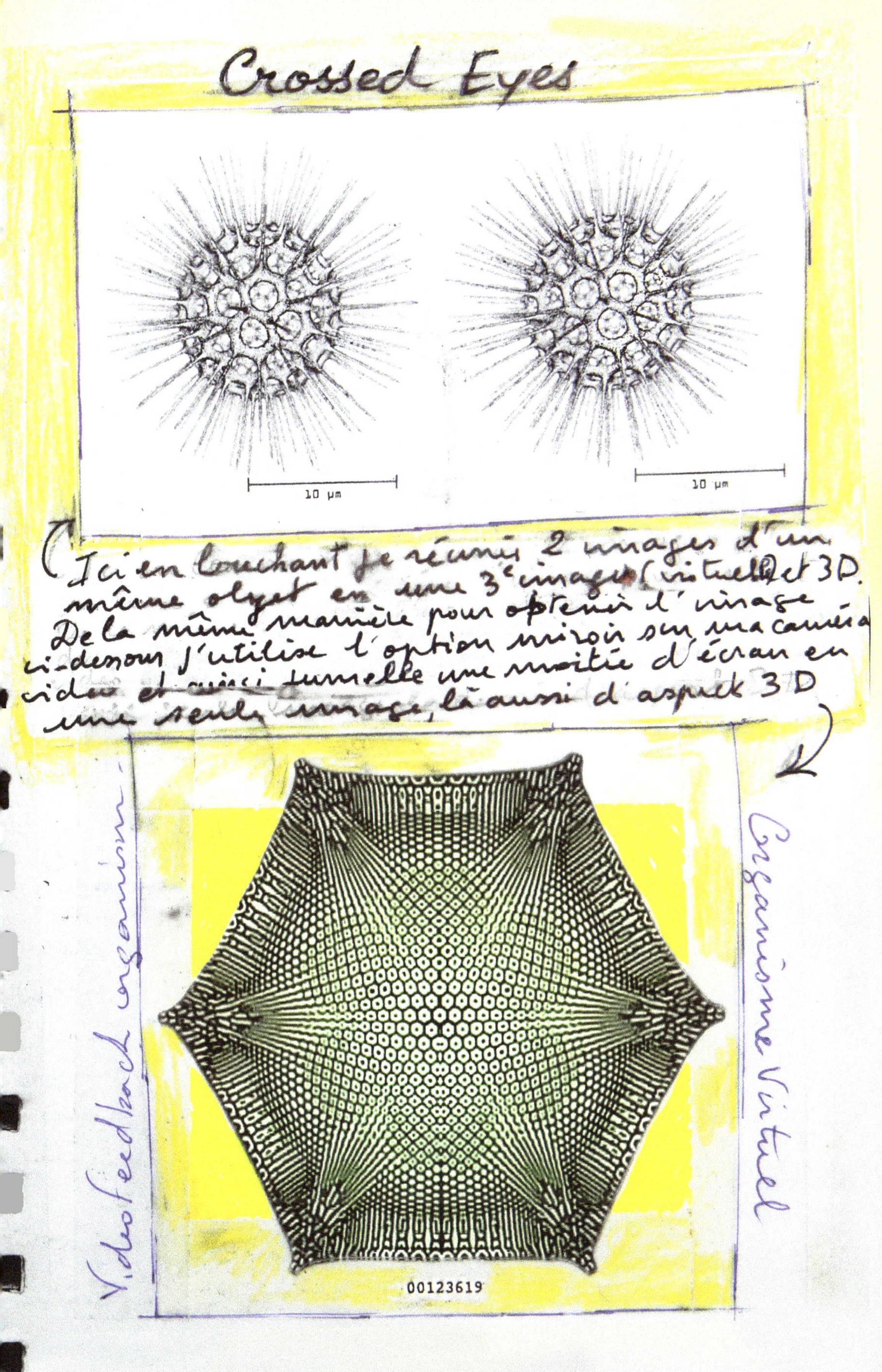

Crossed Eyes
10 µm
10 µm
Ici en louchant je réunis 2 images d'un
même objet en une 3e image (virtuelle) et 3D.
De la même manière pour obtenir l'image
ci-dessous j'utilise l'option miroir sur ma caméra
vidéo et ainsi jumelle une moitié d'écran en
une seule image, là aussi d'aspect 3D
Video feedback organism
Organisme Virtuel
00123619

Le symbole de l'étoile est la version 2D du croquis →. La version 3D est sculpturale. Il en va de même pour la page de droite en haut.

Le symbole serait un écrasement de l'espace 3D sur un plan 2D. Cela me fait penser au concept "Flat Land". Il est quelque fois difficile voire impossible de décrocher, ou du symbole ou de la sculpture, et de voir l'autre dimension. "Le Sceau de Salomon"

↓ Image tirée du Vidéo FB

Dans cette image ← tirée du Vidéo FB il est possible de voir, sur ce plan 2D, des lignes s'entrecroisant sans aucun volume. Au contraire, dans la vidéo en mouvement, la structure apparaît nettement 3D.

Superstructures

4 interaction élémentaires sont responsables de tous les phéno-mènes physiques observés dans l'univers

Forces fondamentales : Nucléaire forte
Electromagnétique
Nucléaire faible
Gravitation

L'étoile apparaît sur un plan 2D. Elle disparaît au profit d'une structure faite de cubes et de triangles en 3D.

La conscience est la dernière et la plus fantastique évolution de la vie organique

Ordre et Chaos donnent naissance à une structure émergente. D'abord la vie organique puis la structure mentale cherchant à donner formes → (sens).

La vie s'auto-produit dans un flux constant, organique, chaotique le mental, structure organise, géométrise, transforme en données stockées sous forme d'informations dans la mémoire une histoire, ~~[illegible]~~ a pris forme.

L'information stockée en une mémoire
appartient à un passé révolu. Cette
histoire se dénoue en
moi et seulement
en moi, Mon monde
intérieur est tel
un rêve qui
pensée. te

Illusion

Virtuel

Monde Intérieur

Avant
N'existe
Plus

Après
N'existe
pas
encore

Seule Véritable

N'existe pas
en référence à

N'existe pas
en référence à

Entrechoc des contraires
Points de vue opposés - Vus en même Temps =>

Ecrasement des deux opposés sur un même plan

Opposés

Couple

2 aimants

Attraction

Contraires

Espace vide

Magnétisme

Fluctuations quantiques

Les 2 miroirs se

2 miroirs face à face

joignent tout en se reflétant
Mise en abîme sur un plan créant un espace, illusion de mouvement

L'Effet Casimir

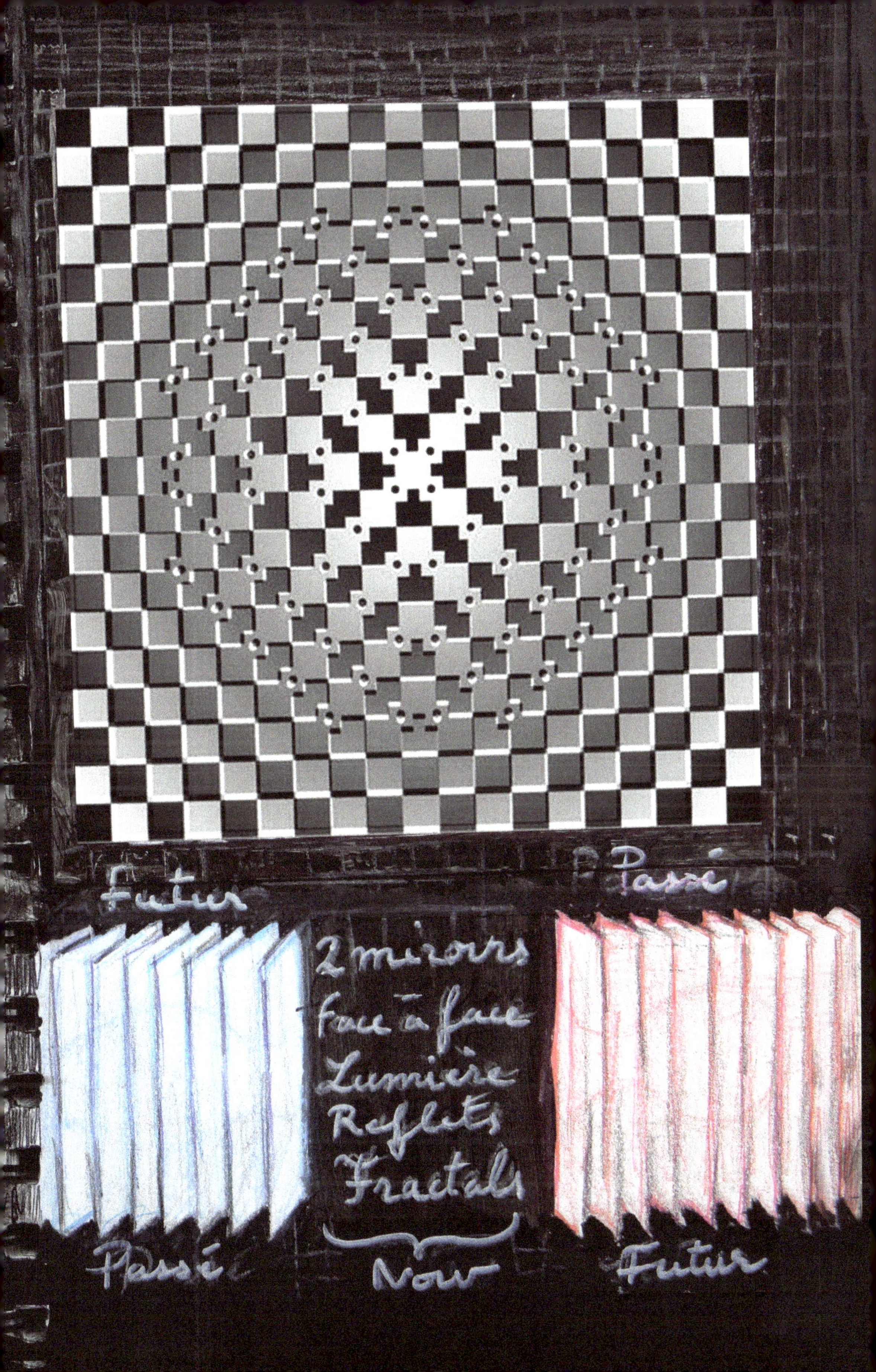
Futur
Passé
2 miroirs
Face à face
Lumière
Reflets
Fractals
Passé
Now
Futur

La fabrique du réel est à la fois matérielle et virtuelle,
Corps / Esprit
Information
Matière / virtuel

Hypercube

Ouroboros

L'artiste
L'artisan
Idées
réalisation
Concept
Temps
fabrication
Espace

Cyclique

Linéaire

Expansion

Arts
Sciences

Intuition
Raison

Hypercube Ouroboros

Structure impossible
Symbole structuré
Abstraction réaliste

Double sens
et à la fois
même sens.

3D

Espace
Temps

Futur

Espace

Temps

2D

Passé

Médiateur

Les opposés / Médiateur
Donner une forme.
Sans lumière l'exteri
disparaît et
l'intérieur peut s'éclaircir.

Ces flèches opposées se rejoignent et forment un même et seul ensemble

UN

A

B

Symbole / Structure
2D 3D

Vide
Plein

+/-

Réalité
Réel

Mouvement perpétuel

Une fois doublé il n'y a plus qu'un sens possible

Donner du sens à sa vie ce n'est pas donner du sens à la vie.

Monde Intérieur / Monde Extérieur

Leurre dû à un point de référence dans l'espace et le temps.
Sans cela il n'y a qu'un tout.

- - - - -

Pour qu'il y ait un dia-logue entre deux personnes l'un doit parler, l'autre écouter au même moment. Les deux personnes sont "Bouclées" dans le dialogue. Ils forment un système d'où émerge un sens.

Causality

Retro Causality

ART

Raison

Real

UN

God

Scale

thinking of time

feeling of time

69 > 15 > 6

96

12 > 3

Effect

Reality

Cause

Création spontanée au sein d'un système en évolution

Vidéo Feedback →

Auto - Organisation

3D Structure

Durée

2D plan

Now

Saisir

LCD

Temps

pace

Voir

Caméra

Mise en Abîme

2D

Sonde

Percevoir

Un Système 3D

Électricité ← Invisible → Électromagnétisme

No Past ∿∿∿∿∿ No future

où fixer le centre?
où saisir l'instant?

Contre

Sens

Structure

Plan

Scale

Echelle

Donner forme à l'informe nous rassure
nous donne un sentiment de contrôle
L'informe c'est tous les possibles de
formes. En donnant une forme
particulière nous faisons le choix de
perdre l'infini au profit du fini.

Les opposés

Créés par
le médiateur
le pt de vue
qui prend
position.

Le médiateur
Un passage

Médiateur
Futur
Passé
Médiateur
Espace
Présent

Partie
1
2
3
4
5
15
6

Fini
Infini

Une bille sur un fil.
La bille est indépendante
du fil mais les deux
réunis forment un tout : "Collier"

Psyché Médiateur Réalité

Opposés
Doubles

Réel

Idées

Donner forme

Diviser
Séparer

Infini - fini

objet

Voir
Savoir

Le fruit défendu

Le tout
Les parties

Le point de vue dans l'espace divise, coupe

Le tout est plus que la somme des parties

Voir c'est scinder diviser

L'infini prisonnier du fini

D'après une étude faite en neuroscience il y aurait un décalage entre la conscience et la mécanique cérébrale de 66 msec. L'idée de l'acte conscient ne serait donc qu'une illusion rétrospective et les décisions prises qu'un réflexe automatique (un produit de la machine biologique qu'est notre cerveau).

La création artistique (si celle-ci ne tend vers aucune fonction), s'actualise dans la durée, c'est à dire un acte libre évoluant entre corps et conscience. Cet entre-deux est sans doute là où émerge la réalité mentale là où ordre et

Chaos donnent une forme.

Pour retenir l'essentiel et faire "oeuvre" il faut savoir s'arrêter à temps - Ne pas parfaire. Les erreurs peuvent devenir des qualités - L'originalité, la personnalité... Les paradoxes dans l'image comme dans la pensée ou même dans la musique (surtout ascendante) laisse l'interlocuteur en "limbo", "entre" - Il voit en même temps une chose et son contraire, il entend la musique monter alors qu'elle descend en même temps ~~[illegible]~~ Prendre en considération des idées contraires aux siennes laisse l'esprit ouvert "Libre"

Monde Extérieur

Monde Interieur

Monde Interieur

Absence Présence

Vide et Forme

Neurones miroirs
Théorie Univers miroir
Théorie Image

Reflet Reflechi

2 miroirs se faisant face

Narcisse → Echo

Vers le Petit

2 deux Possibles

Vers le Grand

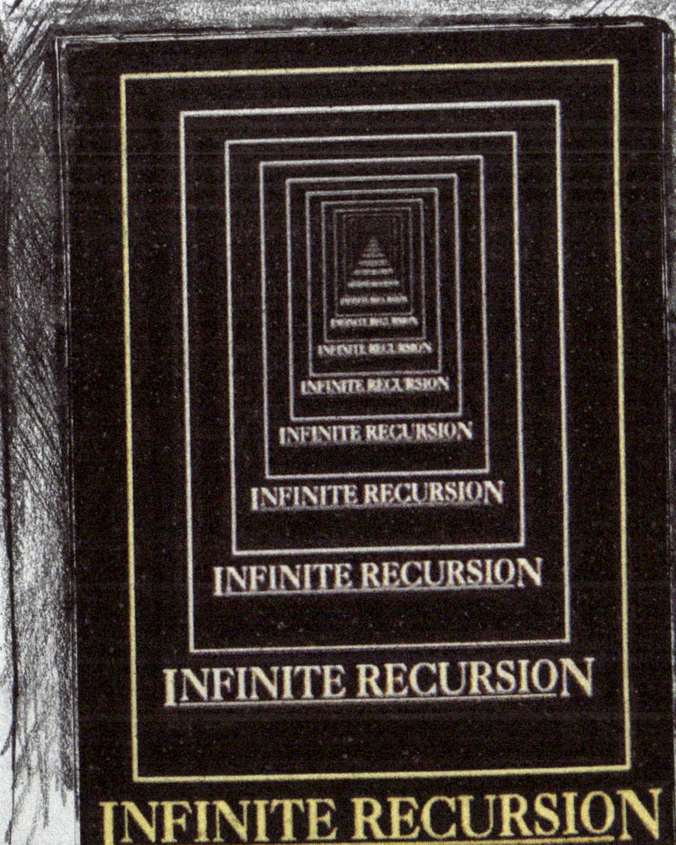

Echo renvoie la voix
Narcisse se renvoie son image

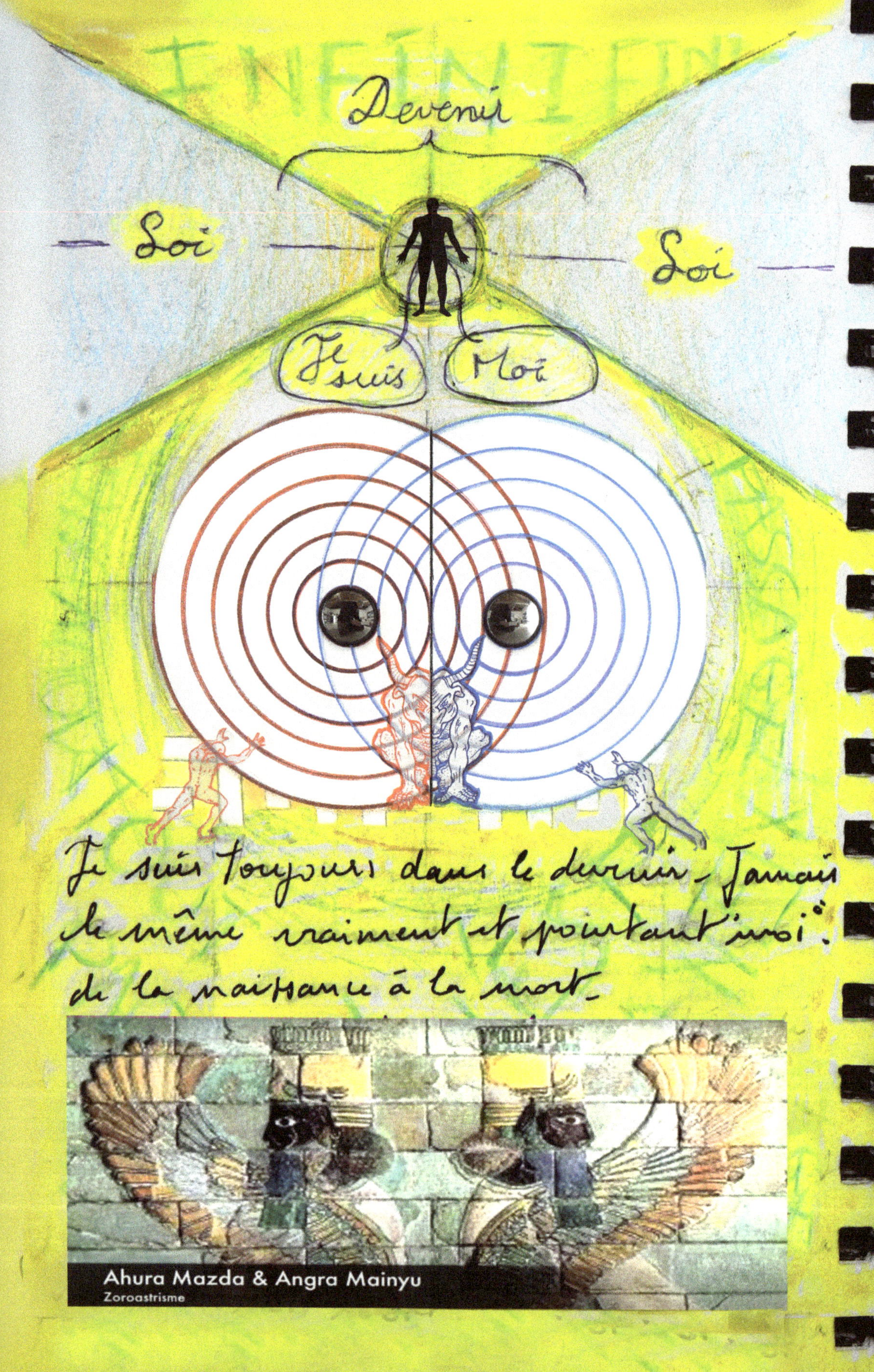

Ahura Mazda & Angra Mainyu
Zoroastrisme

Vivre dans mon corps c'est penser présent. Ni avant, ni après mais, là, maintenant les souvenirs n'étant qu'un mode d'emploi pour le vécu. Le lendemain n'étant pas, il n'y a aucune raison de m'en soucier.

Pourtant c'est bien là, tiraillé entre mémoire et espoir, que je fais l'expérience de mon quotidien.

Comment appréhender la totalité ? Mon image est un problème, ma position dans l'espace et le temps aussi. La sensation d'être moi, là, maintenant. Comment faire disparaître les références ? Être sans point d'encrage.

Être un tunnel, un passage. Appréhender par les sens la conscience qui nous englobe.

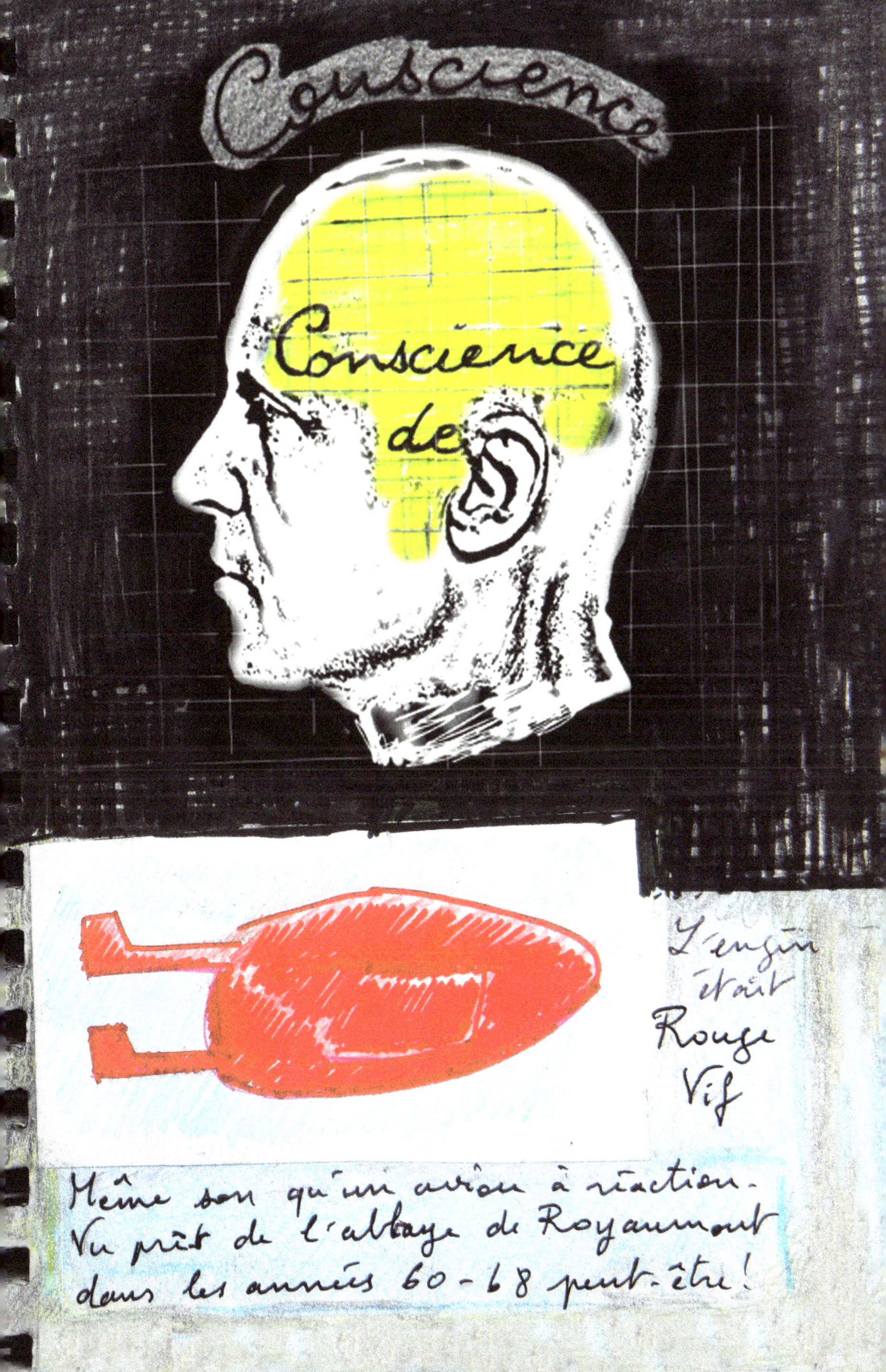
Conscience
Conscience
de
L'engin
était
Rouge
Vif
Même son qu'un avion à réaction.
Vu près de l'abbaye de Royaumont
dans les années 60-68 peut-être !

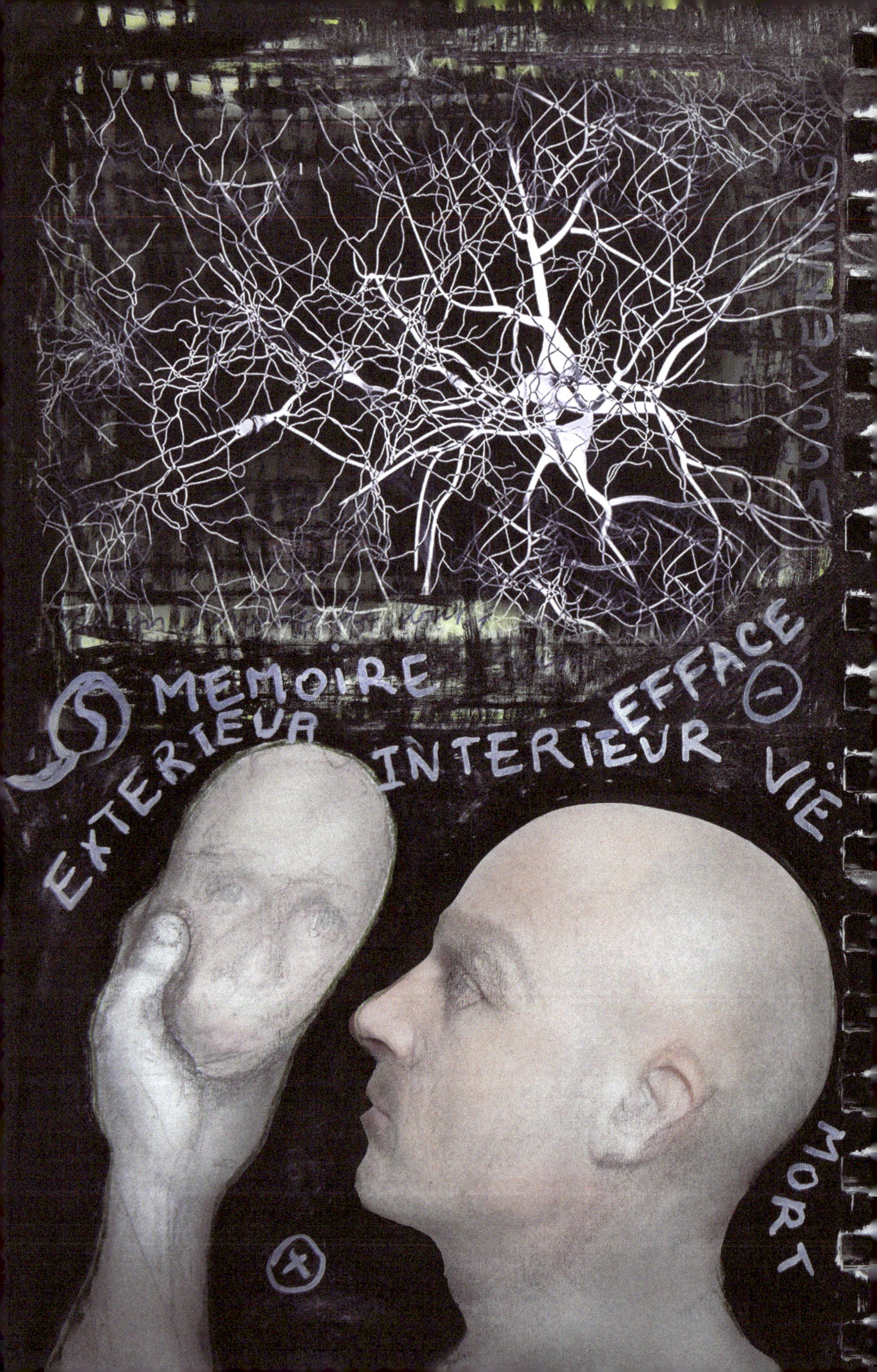

SOUVENIRS

MEMOIRE

EXTERIEUR

INTERIEUR

EFFACE

VIE

MORT

APRÈS EN VIE PRÉSENT

EXPERIENCE =

USABILITY/ANALYTIC + DESIGN/CREATIVE

Left-Brain Functions — Right-Brain Functions

NOW INCONNU

Logic
Language
Science

Intuition
Creativity
Art

? PASSÉ RÉFLÉCHIR — SAVOIR — AGIR FUTUR

Science = Extérieur au système - Empirique - Matérialiste - L'œil de Dieu - Quand je travaille sur les système vidéo feedback, j'opère de la sorte, extérieur au système, détaché en quelque sorte - L'autre partie de mon travail est plus intuitive. Elle part de l'intérieur, introspective - Elle est une réflexion sur le sens d'une action dénuée de but. La création comme la vie.

Le point de vue change la forme. Dans l'absolu la forme reste la même.

Sculpture Hypercube

Photographies des possibles.

Photographie 2D

Sujet

Mur

Espace Réel

3D

1

2

3

Traces sur le sol

3 pts de vue différents

Phénoménologie de la perception.
Il en va de même avec les jugements.
Le regard sur soi-même par exemple.
Le pt de vue est déterminant il l'informe.

Enfant j'étais si fusionnel avec ma mère - Je ne recherchais pas le pt de vue personnel - Je voulais tout partager, ne faire qu'un avec elle - Je n'étais pas exclusif et agissais de la sorte avec mes proches en général. J'avais tendance à croire que nous pensions tous pareil, que nous pouvions réellement dialoguer (vrai) sans filtre - Une Compréhension Totale. Il en allait de même avec la nature, surtout la mer -

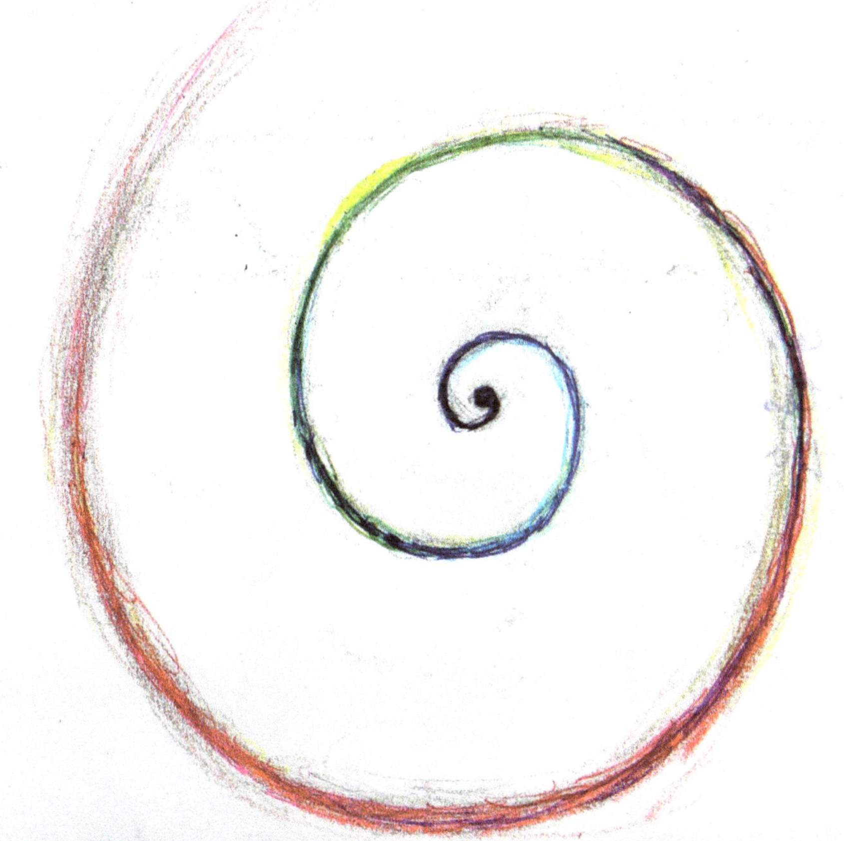

L'ESPACE-TEMPS

Le jeune, même s'il sait qu'il va mourir ne ressent pas la mort. Il a le sentiment d'éternité. Mais passé un nombre d'années correspondant à la moitié d'une vie, il ressentira ce qui lui reste à vivre.

Biologie / Mathématiques

0 Infini 50 Fini 100

Esprit 100

Corps 100

tous les possibles "Esprit"

Corps Objet.
Esprit = Idées.

Un seul possible "Corps"

Automorphisme - Objet mathématique X dans lui-même -

Ecrasement d'un cube 3D sur un plan 2D donne un Hexagone

Cube 3D

Dynamique "Chaos"

Statique "formes"

Point limite de l'accumulation "Emergence" ou "Implosion".

Déplacement dans l'espace/temps

Avant

Pendant

Après

1 2 3 etc...

L'idée principale de la création artistique est de donner forme. Mais réellement la forme est une fin, telle une pièce de puzzle. La durée de création sans but de finalité c'est créer sans objet. Libéré de celui-ci il ne reste qu'une trace dynamique, c'est à dire qui continue (sans se ponctualiser).

9 8 7 6 5 4 3 2 1 1 2 3 4 5 6 7 8 9 0

MIROIR

(+) PLEIN (−)

„Cerveau"

(+) (−) VIDE

Miroir

Formes

Opposés

Fond

Gauche
En prise
avec la
réalité
Extérieure
Matérielle

Droit
Emprise
avec le réel
L'intérieur
Pure
Virtuelle

Cause
Effet

Effet
Cause

Feed back

MATERIEL

SPIRITUEL

Système
dynamique
Energie

Espace
Materiel

Espace
Virtuel

MIROIR

OUT

IN

Dynamique Rythme Information

Conscience
Matière
Ordinaire

Visible

Invisible

−

+

Dark
Matter

IN

OUT

Inconscient

UNITE CONTRAIRES

Je suis dans la chair celui que je ne suis plus dans la mémoire.

Exterieur

Instant mathématique

Matière espace

Virtuel temps

Singularité

Réalité présente

Interieur

OPPOSES UNIFIES

Tetractys - / Fleur de vie -

Structure absolue ?

Géométrie

La réalité est une compression du temps et de l'espace sur le plan du présent.

Comme la rencontre du caillou avec la surface de l'eau, le sillon est la trace dynamique de cette rencontre.

Cause ... Effet

Effet ... Cause

Image sphérique Auto-générée.

Géométrie auto-organisée

Buckminster Fuller a affirmé que la géométrie naturelle de l'univers est fondée sur des groupements ordonnés de tétraèdres.

Cuboctaèdre
3D

14 faces

Vue de face 2D il peut apparaître comme ça ↓

Peut-être comme un cube ?

27 (p,q) = (2,2)

The "Goldhaber Gap" in K^+N scattering ($\rightarrow \Theta^+$)

Y

S = 1

S = 0

S = -1

S = -2

S = -3

Δ^- Δ^0 Δ^+ Δ^{++}

1

Σ^{*-} Σ^{*0} Σ^{*+}

T_3

1

Ξ^{*-} Ξ^{*0}

Dans une page découper 2 pages plus petites.

A T1 A T2 A T3

Cause Effet...

A T2 A T1 A T3

Effet... Cause...

Créer un feedback entre les 2 : gauche relache droite photocopie puis efface à gauche et recommence.

Original Copie Original Copie

Copie Original Copie Original

Se lancer dans l'inconnu

"Présent"

Émotion

Prendre du recul

"Rétrospectif"

Raison

Le présent c'est essayer de réarranger le connu du mieux possible

[Erreur : Chaos et ordre connu] donneront l'émergence du

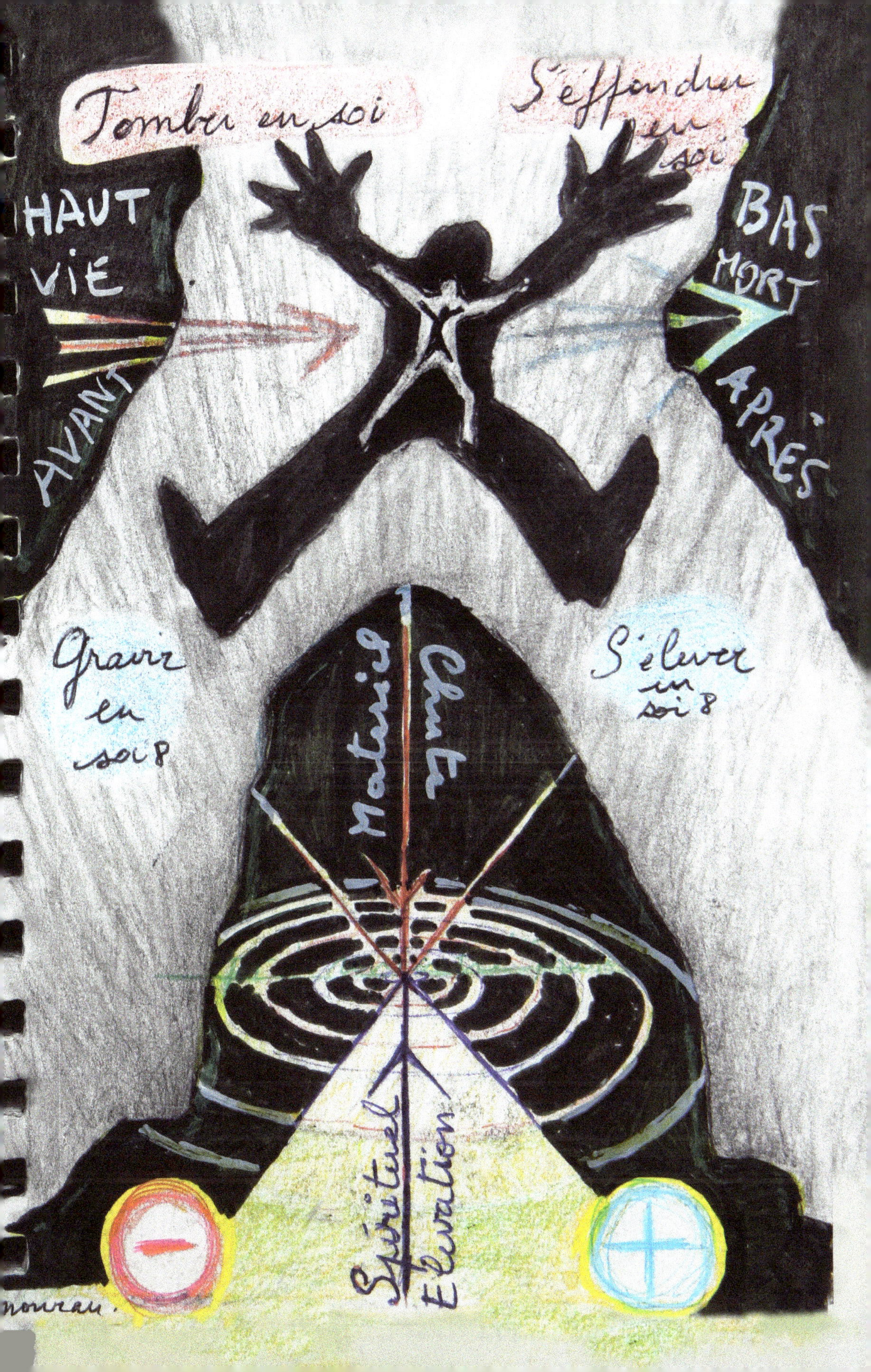

Tomber en soi

S'effondrer en soi

HAUT
VIE

AVANT

BAS
MORT

APRÈS

Gravir en soi ?

S'élever en soi ?

Matériel

Chute

Spirituel

Élévation

nouveau.

Left-brain
Analytic

Right-brain
Creative

Logic

Intuition

Right Side

Left Side

Crossed eyes

L'imagination nous permet de nous affranchir de la réalité matérielle. A l'inverse les contingences de la vie nous ramènent au pragmatisme. La réflexion sur l'action c'est la pensée sur le corps, mais toujours d'un point de vue empirique. L'imaginaire ne se soucie pas de l'efficacité, mais ne tendant vers rien en particulier, il ne peut, par lui-même combler les attentes du monde réel.

Dualité ou Compromis

A) Tâche abstraite

B) Copie de "A" inversée

Test de Rorschach

Conscience avant

Matière
Concret
Infos

Esprit
Idées
Infos

Réel

Réel

Visualisation d'une dessin sous forme statique -

Le sceau de Salomon

Réunion des opposés en un symbole.

le Sceau de Salomon

le Sceau de Salomon

Eau

Chaud

Froid

Feu

Symboles

Ouroboros, Vase de Klein, Ruban de moebius, Vase de Rubin etc...

Avant Après

Avant Passé Après Futur

Futur

14:40 14:41

Présent

Présent

Mise en abyme

La chose dans la chose dans la chose etc.-
La même chose avant, pendant, après.
La chose dans la durée n'est plus
vraiment la même chose (la même
changeant). Chute et élévation en
même temps - Disparition, apparition
Vie / mort - Souvenir / imagination

Les opposés

Renvois

Futur

Présent

Passé

Souvenirs
↳ Anticipation

Information

Unité

3-6-9

Le Sceau de Salomon

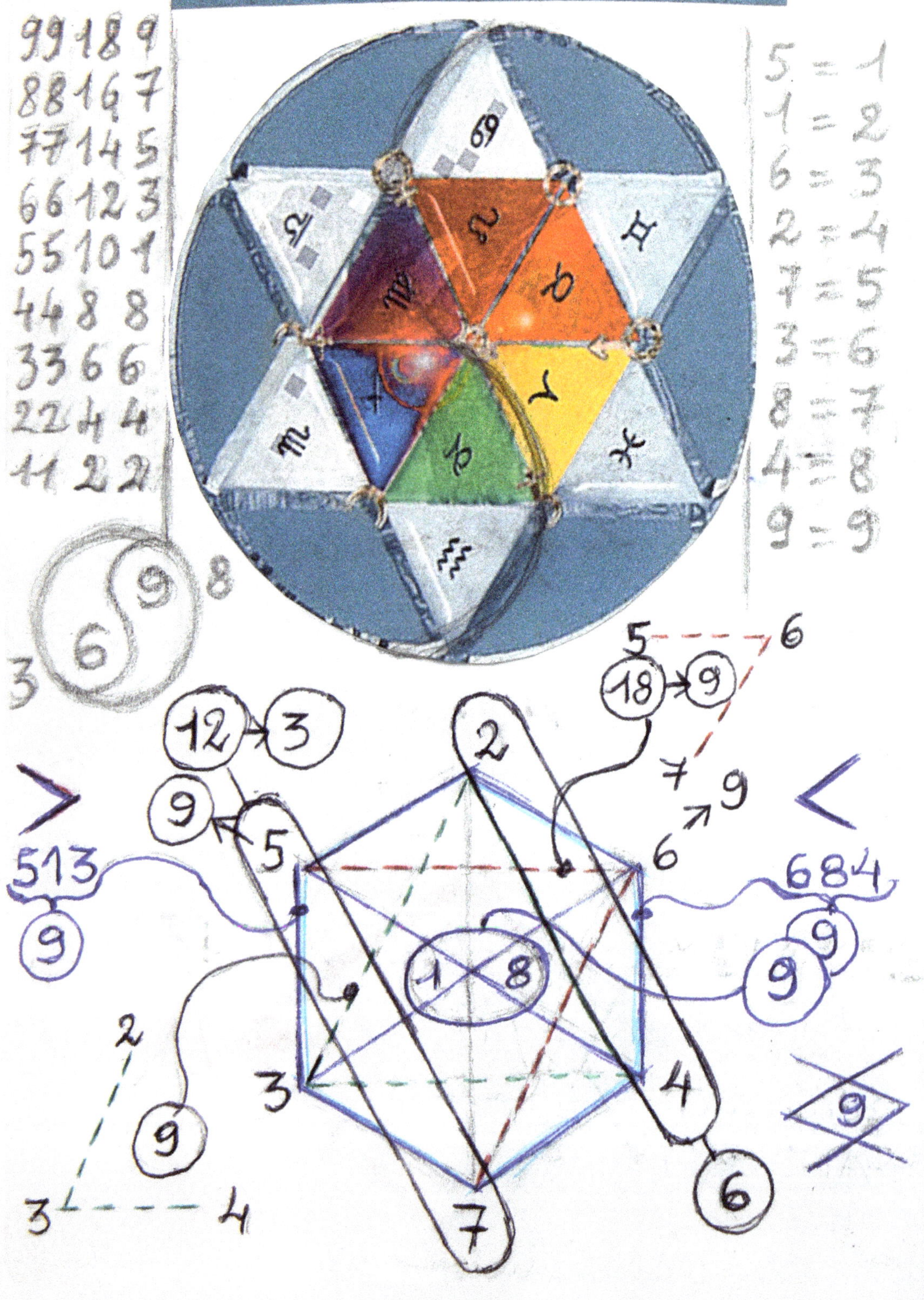

Comme pour le sceau de Salomon cette fougère vidéo feedback à 6 branches. Les 6 côtés réunis forment un hexagone ou un cube en 3 dimensions. On peut y voir, comme dans le S de Spare mise en abysme : cube dans cube dans cube etc...

Le petit vers le Grand ou Le grand vers le petit

descendant

ascendant

0 9 8 7 6 5 4 3 2 1

1 2 3 4 5 6 7 8 9 0

0 1 2 3 4 5 6 7 8 9

1 2 3 4 5 6 7 8 9

10

Durée de présent

Contraires unifiés

−4 −3 −2 −1 +1 +2 +3 +4 +5 +6

2 sens opposés.

Past NOW Future

Mental

Nous sommes notre histoire et s'en libérer est notre espoir. Être "vraiment" au présent, serait oublier le passé comme l'avenir.

P F

Perte

Présence

Absence

Passé

Futur

Contact avec le réel

Descente et ascension à la fois

Ruban de Möbius

Matériel

Spirituel

Matériel

Spirituel

0 1 2 3 4 5 6 7 8 9 10

1 2 3 4 5 6 7 8 9 10 11 12 13 14 15 16

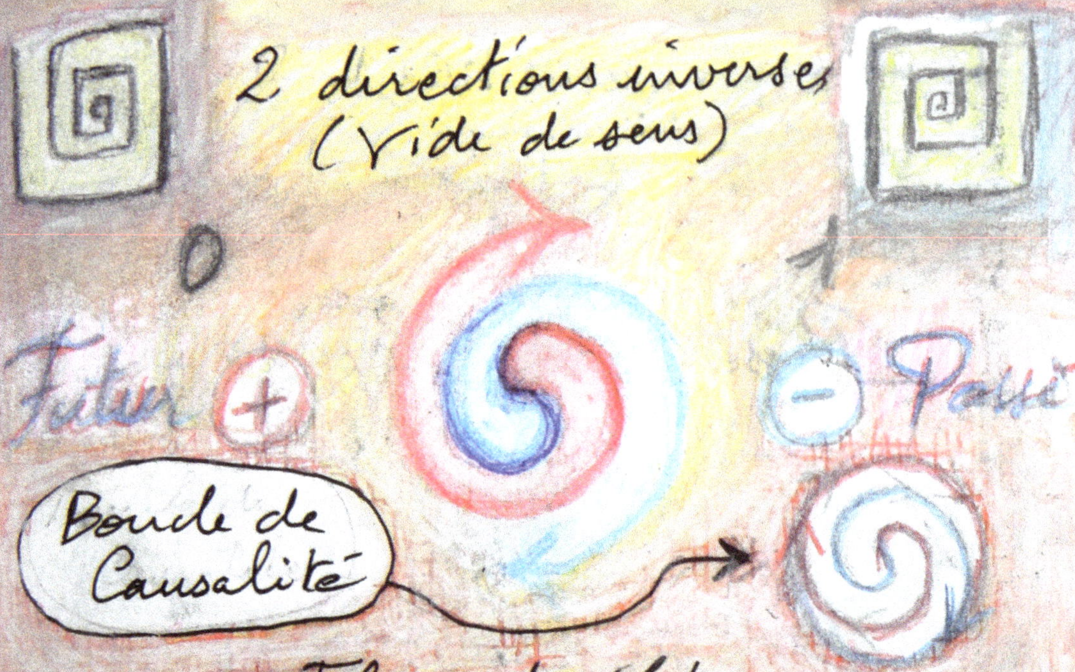

2 directions inverse
(Vide de sens)

0 1

Futur + − Poussé

Boucle de Causalité

Fleur de Lotus

Comme dans la nature ces formes sont structurées et répondent à des lois mathématiques.

Image orpheline Vidéo Feedback

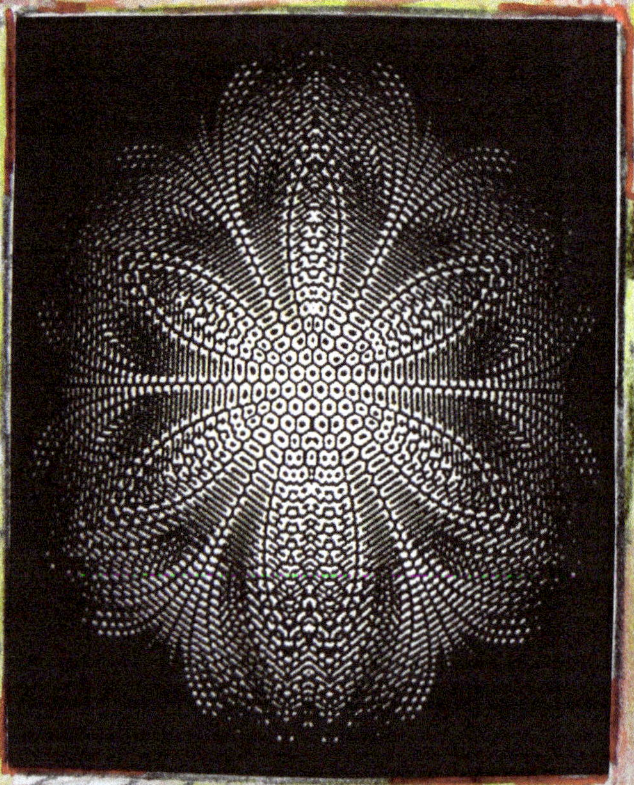

L'image est toujours présente là. Elle apparaît statique mais elle est dynamique et en construction.

Ici le futur de l'image est rattaché littéralement à son passé formant une boucle temporelle.

VIDEO FEEDBACK

Ecran LCD

Caméra vidéo

E + C = I

E

C

L'image orpheline (de la page de gauche) sur l'écran comme sur la caméra n'apparaît que par l'intéraction des 2 machines.

Système

L'accouplement des 2 machines forment une 3ème machine vidéo FB.

Cerveau

01.0101.0.
Binaire

Conscience

Gauche

Droit

Machine biologique "Processeur"

Système

La réalité est dynamique elle nous apparaît statique comme l'image orpheline.

Qu'est-ce que l'art ?
Erwin Panofsky : L'ensemble des règles et des Techniques, que la pensée doit mettre en oeuvre pour atteindre la connaissance et représenter le réel.
- La capacité consciente et intentionnelle de l'homme de "produire des objets de la même façon que la nature produit des phénomènes.

Futur et passé

Futur Matériel et passé de

etc...

Futur de M

et passé de

Passé matériel...
Virtuel...
Futur matériel...
Virtuel...

Tableau virtuel expliquant la boucle Temporelle.

Plastron

La durée du présent est compressée entre passé et futur – Elle est tirée par ces deux pôles.
Dans mon Travail je cherche à créer une boucle temporelle où futur et passé s'unissent pour former un objet concret – ?

Futur
Passé
Boucle T
– – Objet – – –

Images
Mémoire

Effet
Effet
Réalité A réactualisé
1/ Futur
2/ Passé
Réalité A "Passé futur"
Cause
Cause

Boucle de causalité temporelle –

Canvas
×
Projection Vidéo du déroulement passé → oeuvre (présent matériel)
La trace virtuelle sur le support (M)

Création d'un univers commençant par sa fin.

Parcourir un point

La Nature crée l'homme

(+)

Organique
Mécanique
électronique
Synthétique

(−)

L'homme "crée" Dieu

Dieu crée la nature

L'homme ne crée jamais véritablement il compose avec des éléments qui existent déjà -

Dieu et le monde pourraient n'être qu'une seule et même chose - "Spinoza" entend une seule et même chose par " Dieu et Nature" -

— Hello →

← HELLO

Echo

Comme un écho

Vrai ?

Ne pas créer un simulacre.

Neant	Création Apparition Naissance	Conscience	Destruction Disparition Mort	Neant

0 1 2 3 4 5 ... 12 13 ... 87 88 89 90 0

Peut-être vidéo
en mouvement.

œuvre

Vrai

matériel

Copie

image

Crossed eyes

2 écrans LCD juxtaposés
La vidéo montre un "objet" ??
sur un temps X "Durée" - La vidéo de
droite passe dans le sens normal =
passé → Futur, celle de gauche est
inversée Futur → passé - Le résul-
-tat est d'apparence semblable.

T1

A

T2

A

Même chose à 2 endroits différents
dans le temps et dans l'espace.

UP and DOWN Yo-yo Temporel

Totalité (Unité) Globalité

Superstructure faite de milliards d'individus

Le tout est plus que la somme des parties.

• Descente • Montée

Même et divisé
Seul et ensemble

1 2 3 4 5 6 7 8 9

\- OPP10OSÉS +

MEDIT ATEURS

Passé 0 Futur

MÊMES

INVERSES

Symétrie

3D

2D

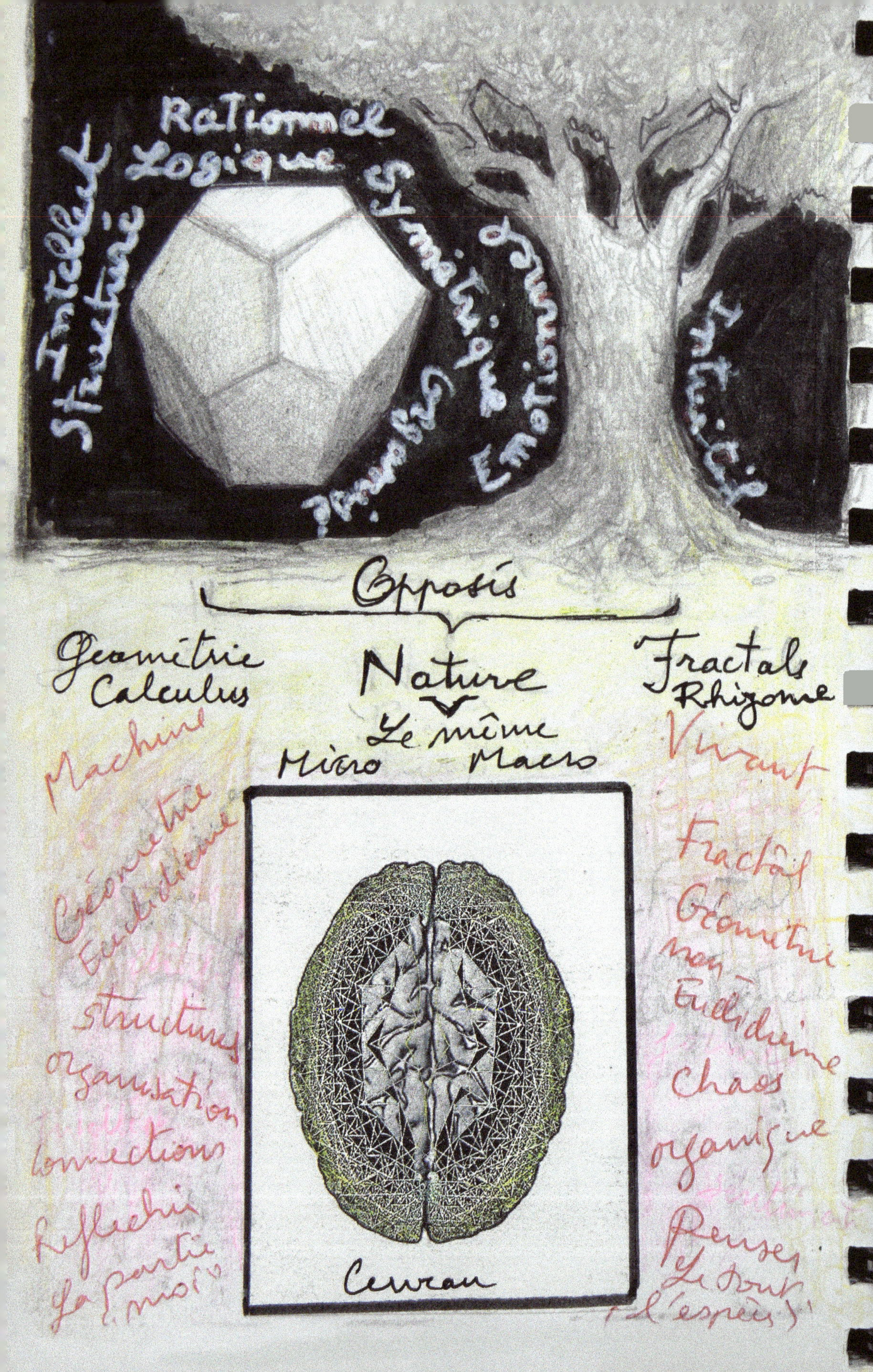
Rationnel
Logique
Intellect
Structuré
Symétrique
Emotionnel
Intuitif
Opposés
Géométrie
Calculus
Nature
Le même
Micro
Macro
Fractals
Rhizome
Machine
Géométrie Euclidienne
structures
organisation
connections
Réfléchir
La partie (moi)
Vivant
Fractal
Géométrie non Euclidienne
Chaos
organique
Penser
Le tout (l'espèce)
Cerveau

Machines | Biologie
Virtuel | Matériel
Dieu | Nature
Artificiel | Naturel
Logique | Emotionnel

Air Eau Terre Feu

L'homme est un être spirituel. Pour lui l'au-delà donne du sens à sa vie. Coupé de sa spiritualité l'homme occulte ses émotions et sombre alors dans l'autisme. Devenu machine biologique, il ne vise plus qu'à sa survie. Seul échappatoire restant réside dans le divertissement qui l'assistera virtuellement à s'enfuir en lui-même

Être Disparaître
Apparaître Dehors
Dedans Absence
Présence Sentir
Toucher

S'enfuir Revenir
Vivre Mourir Nature
Dieu Unité Dualité

Objet

Éphémère

Présence

L'éthique

Absence

L'esthétique

Pensée Grecque
S'accrocher aux limites

Pensée Chinoise
S'ouvrir à l'absence

Destination

Voyage

Apparaître

Disparaître

L'éphémère ramène à la vie
L'objet ramène à la fin.

#4 Le hasard et la complexité du vivant

Philippe Kourilsky

A

B

C

Causes Effets

Biologie Tal du Tissu

Théories du Contrôle

Renversement du temps —
(ondes et innovations)

Flèche du temps
(Réel)

Réalité → Matrice
Naissance

L'espace est en harmonie avec le temps. Une symphonie d'où émerge la vie.

Je serai

Emerveillement

Amour

Regrets

Espoirs

Sentiments

Désespoir

J'étais

La chose dans la chose – Une mise en abyme
Conscience de moi-même

conscience

Mise en abyme

MIROIR CONSCIENT

Reflet
Reflet
Reflets
Reflet

Conscience Exterieur

Conscience Interieur

Nous ne faisons que réarranger le connu

La Totalité — l'unité

Inconnu — Connu

Extérieur → Intérieur →

Temps 0 — Temps 1

← Projection ← Enregistrement

Le Réel en soi — La réalité

surface réfléchissante

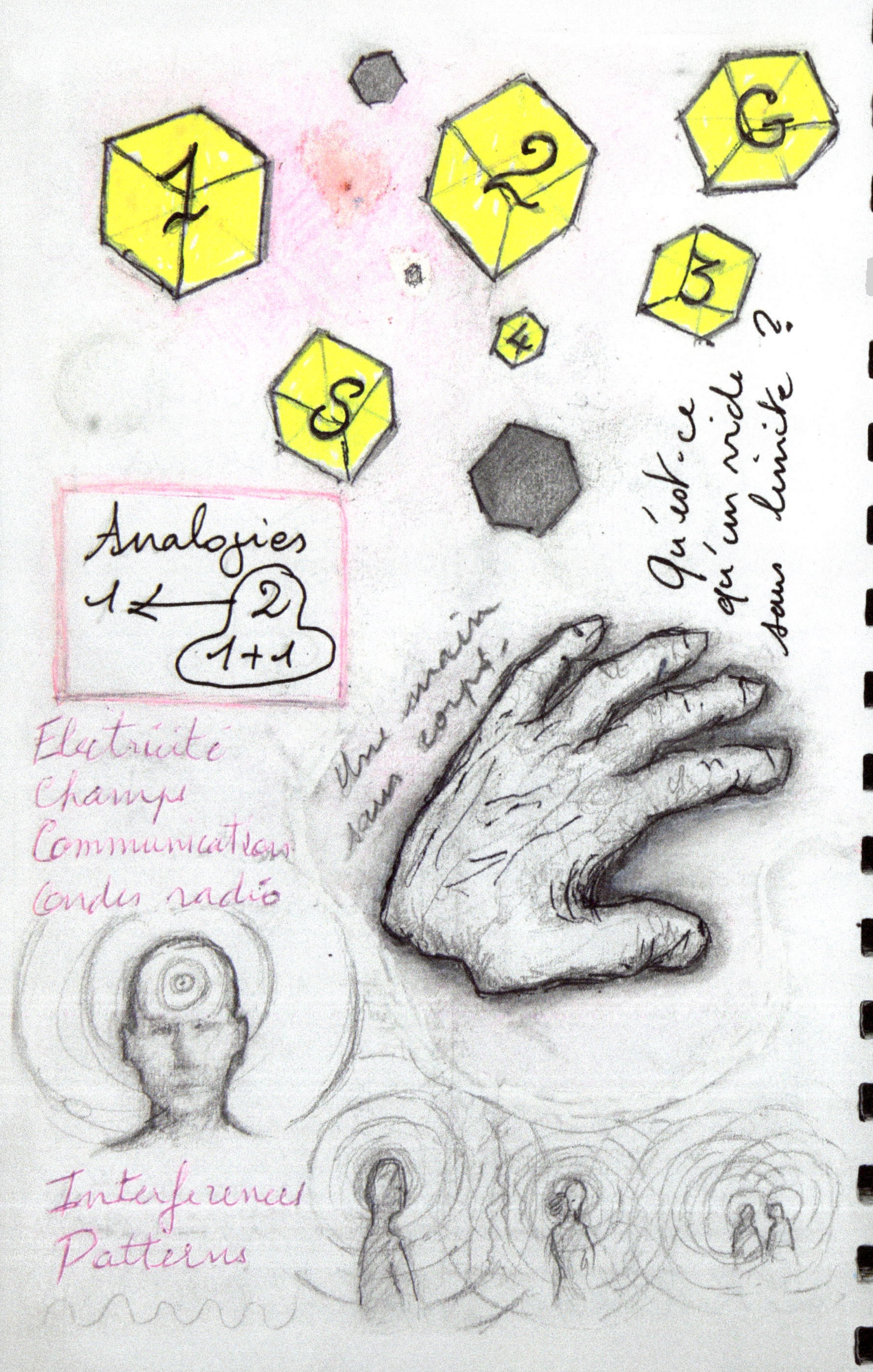

Analogies
1 ← 2
1+1
Electricité
Champs
Communication
Ondes radio
Une main sans corps.
Qu'est-ce qu'un vide sans limite ?
Interferences
Patterns

Energie
Formes

Géométrie
Organique

Elliptique Cône de lumière

Délire d'artiste

Temps

Espace
Ripples

Temps

Compression
Espace
Temps

Temps
Espace
X/Y

Espace
Temps

Circulaire - Le temps
est comme une brindille
enflammée que l'on tourne
à toute vitesse et qui forme un cercle unifié -

Le ruisseau coule dans la rivière qui à son tour coule dans le fleuve, fait quelques haltes ici et là dans une mare ou un lac puis reprend son cours vers la mer celle-ci même qui dessert le ruisseau, la rivière, le fleuve, la mare et le lac.

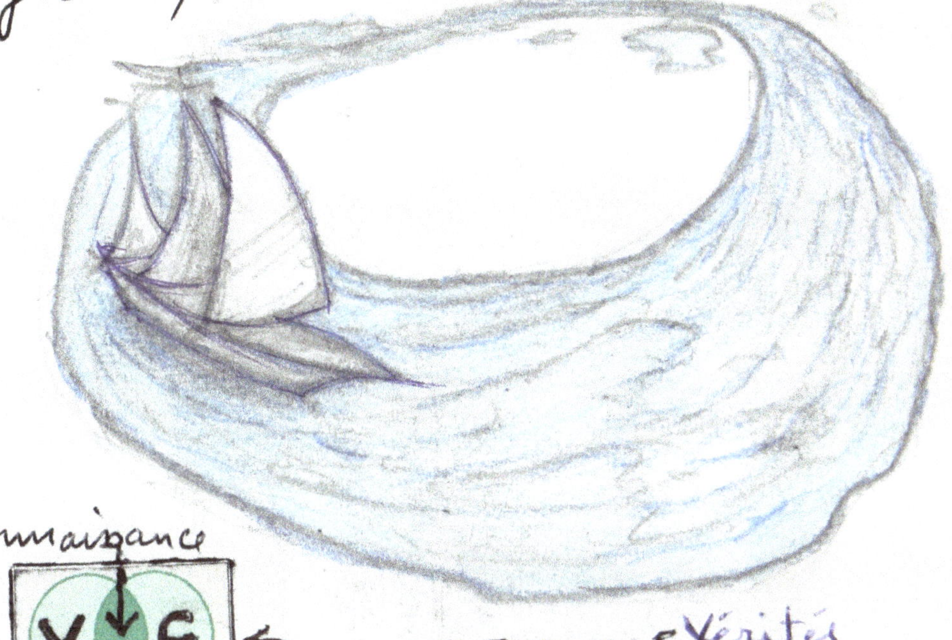

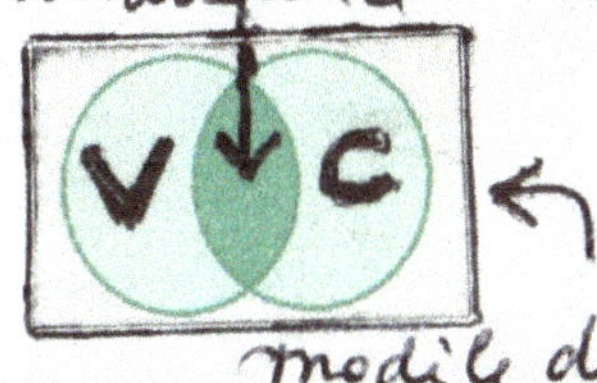

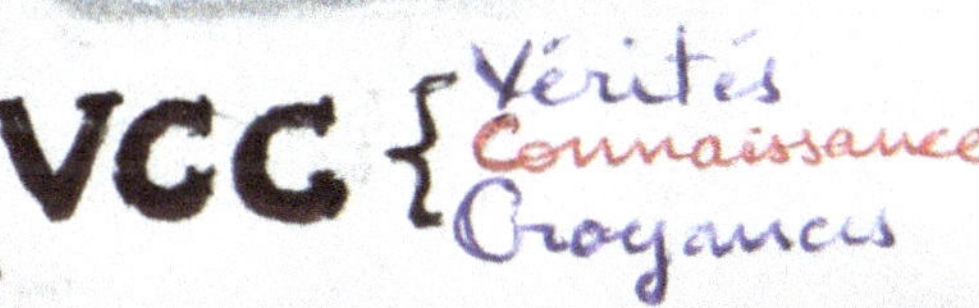

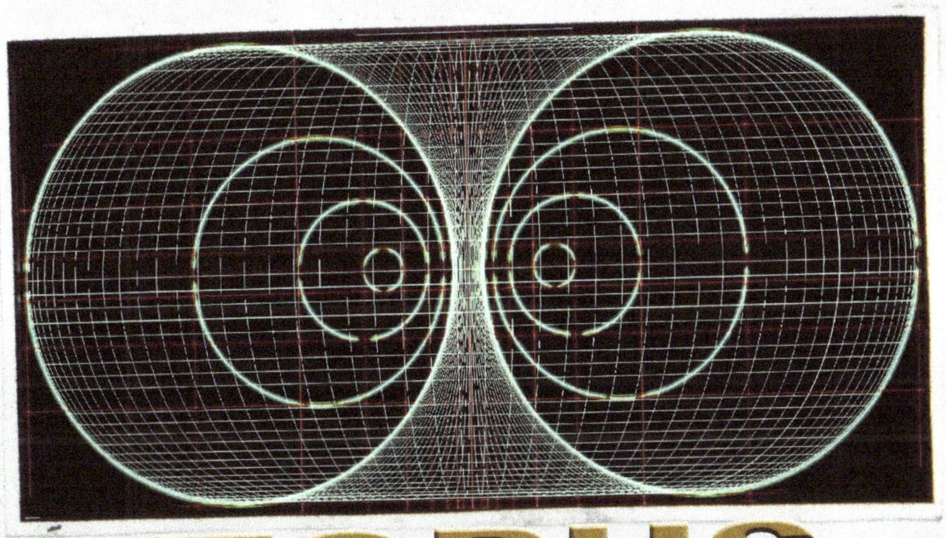

TORUS

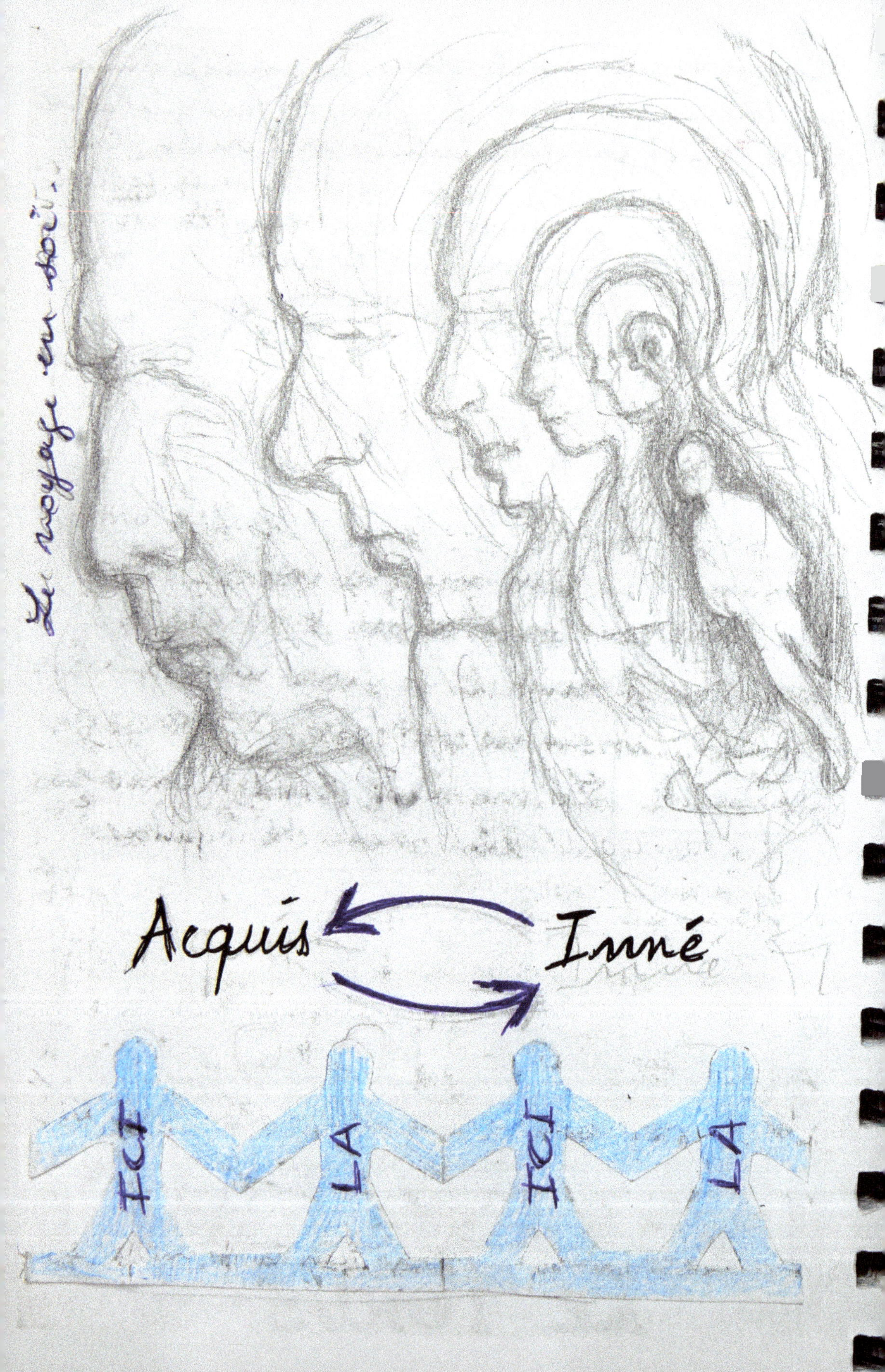
Le voyage en soi.
Acquis
Inné
ICI
LA
ICI
LA

J'étais dans les dunes et je suis à la campagne.

J'étais là

Je suis ici

La mémoire est présente et les souvenirs évoluent. Je n'enregistre pas un évènement comme pourrait le faire une caméra vidéo, mais au contraire je réarrange au présent. La machine saisit images et sons qu'elle conserve "intacts" (en boîte). Elle emprisonne les faits. L'être, lui, les modèle dans le temps. Mes souvenirs me constituent ; je suis qui j'étais et serai qui je suis. La vie est un voyage où tout évolue constamment, jamais elle ne se fige.

Portrait Vidéo feedback

6

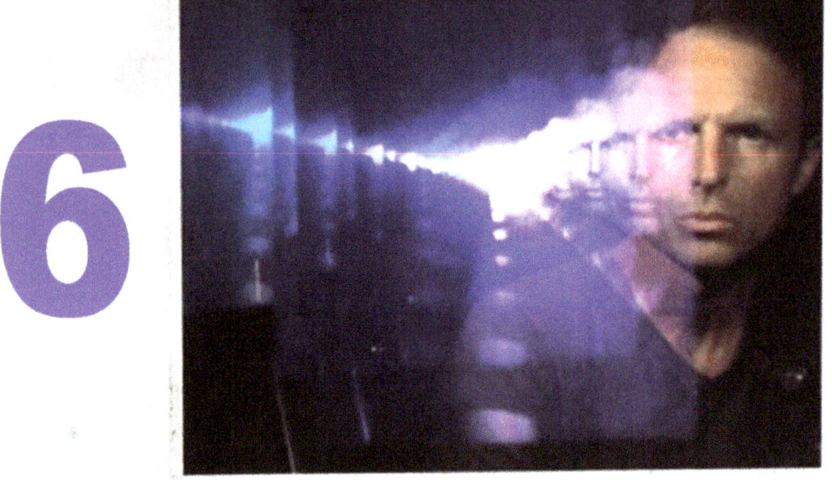

9

9 moi decalés en direction du passé et du futur proche (en même temps). Vers le passé → en partant du moi le plus près (plus grand vers le plus loin (plus petit) parce qu'il s'agi d'un enregistrement. Vers le futur parce que ces images allant vers le passé m'apparaissent au fur et à mesure (temps réel) et la plus éloignée (plus petite) en dernier après les autres qui pourtant sont plus près du présent.

(Revoir Escher)

passé
proche

Futur en rapport à l'observateur

Passé

En perdant la jeunesse je gagne en sagesse.

+

−

OUT

IN

la mémoire/le voir

le réel - le virtuel

Infinite récursion

Zoom in - Zoom out

Créer une forme qui part dans les 2 sens en même temps.

Paradoxe

4 1

Résolu

3 8

2 + 7 = 9
Contact

"Op Art"
- garder la tension
⟷

6 5

La réunion des opposés - Résoudre le paradoxe. Arriver à un point de jonction réunissant 2 contraires. Une compression passé/futur dans l'instant de "l'objet"

Présent

Les 8
Pyramides
engendrent
le 9
L'"objet"

Le point de jonctions
réunit : passé/futur
ici/là-bas.
Dynamique et stati-
-que à la fois, objet
éphémère, présence
et absence occupant
un non-lieu.

Hypercube 2 et 3D
à la fois.

4 1 3 2 9 7 8 6 5

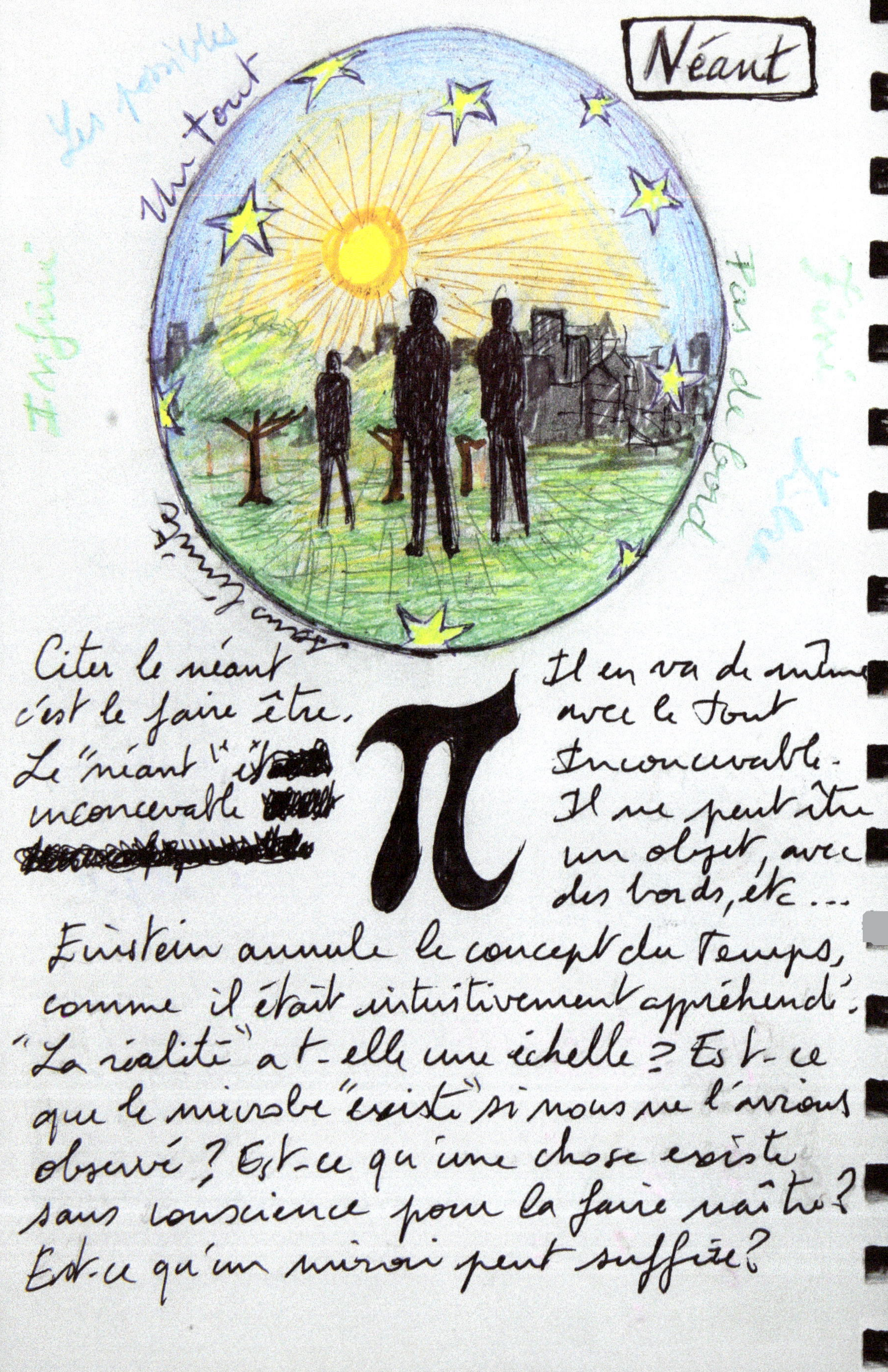

Néant
Les possibles
Un tout
Infini
Pas de bord
Fini
Citer le néant
c'est le faire être.
Le "néant" est
inconcevable
π
Il en va de même
avec le Tout
Inconcevable.
Il ne peut être
un objet, avec
des bords, etc...
Einstein annule le concept du temps,
comme il était intuitivement appréhendé.
"La réalité" a-t-elle une échelle ? Est-ce
que le microbe "existe" si nous ne l'avions
observé ? Est-ce qu'une chose existe
sans conscience pour la faire naître ?
Est-ce qu'un miroir peut suffire ?

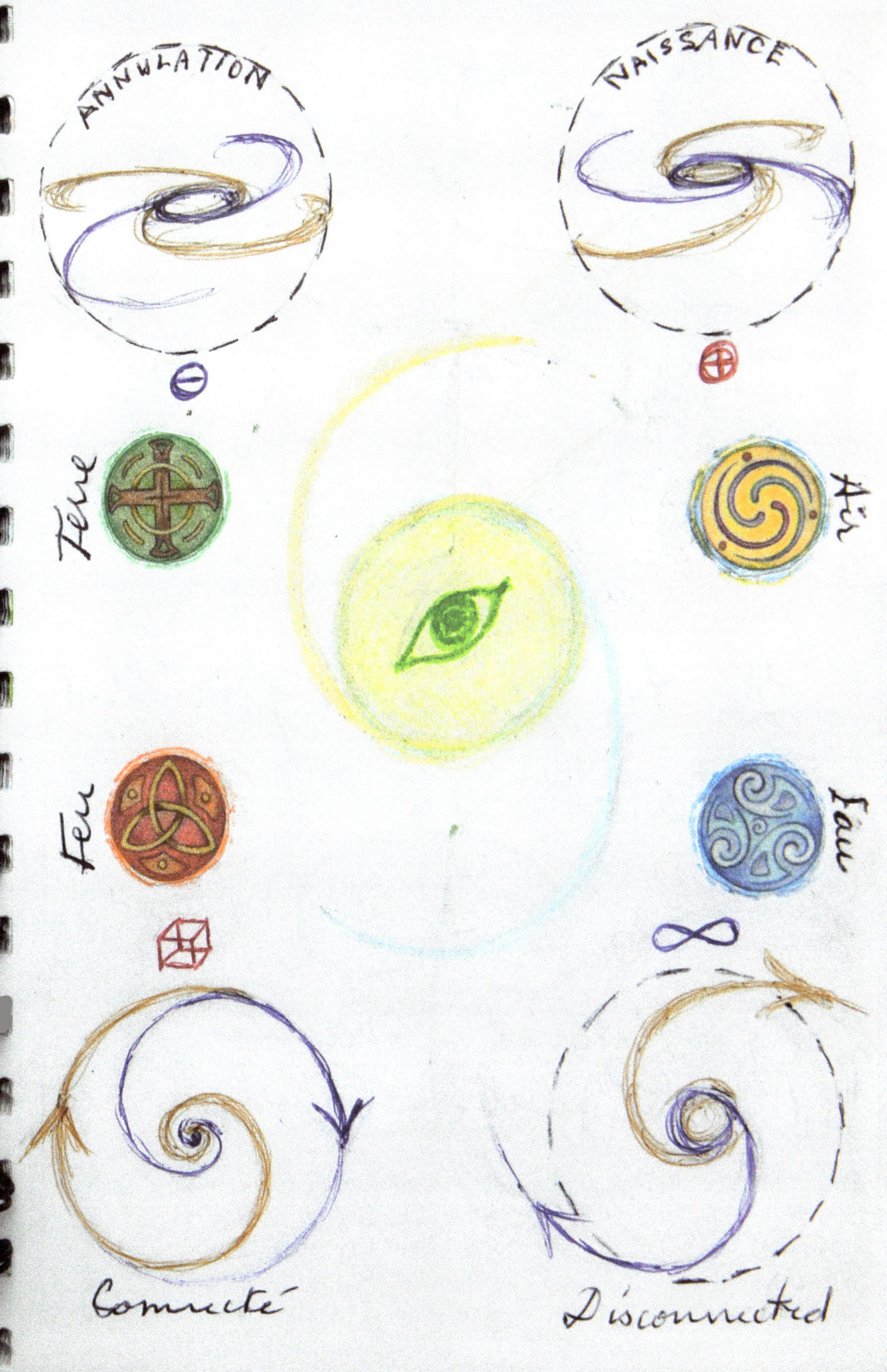
ANNULATION
NAISSANCE
Terre
Air
Feu
Eau
Connecté
Disconnected

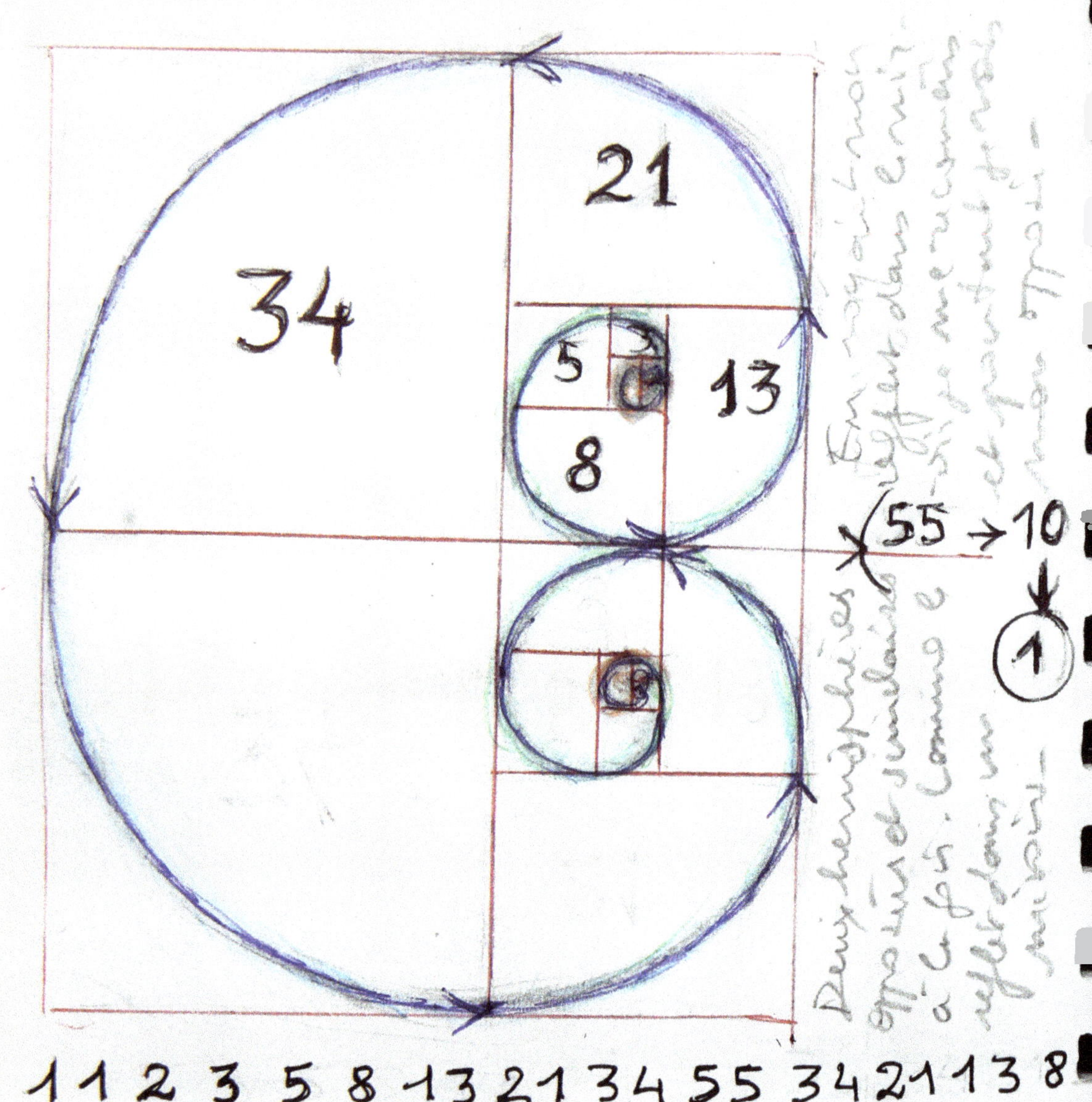

(Se chercher, savoir se trouver vraiment)
Sans se choisir, sans limite. Ne pas s'arrêter à l'ego, l'identité, l'homme le temps ou même l'univers. Laisser aller ses pensées là où elles nous embarquent. rationnelles, émotionnelles, intuitives culturelles, métaphysiques... etc. Créer des possibles et tenter d'y trouver le noyau commun. C'est par là que j'espère m'y retrouver.

Etoile à 9 branches

Relation entre le temporel et l'éternel.

Dualité = L'homme est une synthèse d'éternel et de temporel → 2 directions 2 signes divisés. Ne pas rester dans la division engendre une tension et un raccord entre = possible et nécessaire, du fini et de l'infini, .., et de l'unité → La finalité de l'oeuvre ---- L'Un. Mais l'Un étant inaccessible il ne peut être que virtuel. Différence X Unité.

Entrer dans le réel c'est anéantir des possibles

Choisir c'est sacrifier les possibles.

Etat (non réel) de la subjectivité →
On peut tout être, tout à la fois. Mais à la fois rien du tout car ce n'est que du possible.

Fini
Réel

Infini
Virtuel

Il faut reculer pour croiser les flèches

Flèche Ascendante

Flèche descendante

Disparaît

Opposés

Rencontre des contraires
Infini, fini
choix, liberté

Dualité

Science

Idéal

Art

Unifier
Unité

Réalité

Objet libre

Hazard

Dieu

Apparaît

Rien n'est possible / Le tout est possible

Être soi-même – choisir de ne pas choisir ?

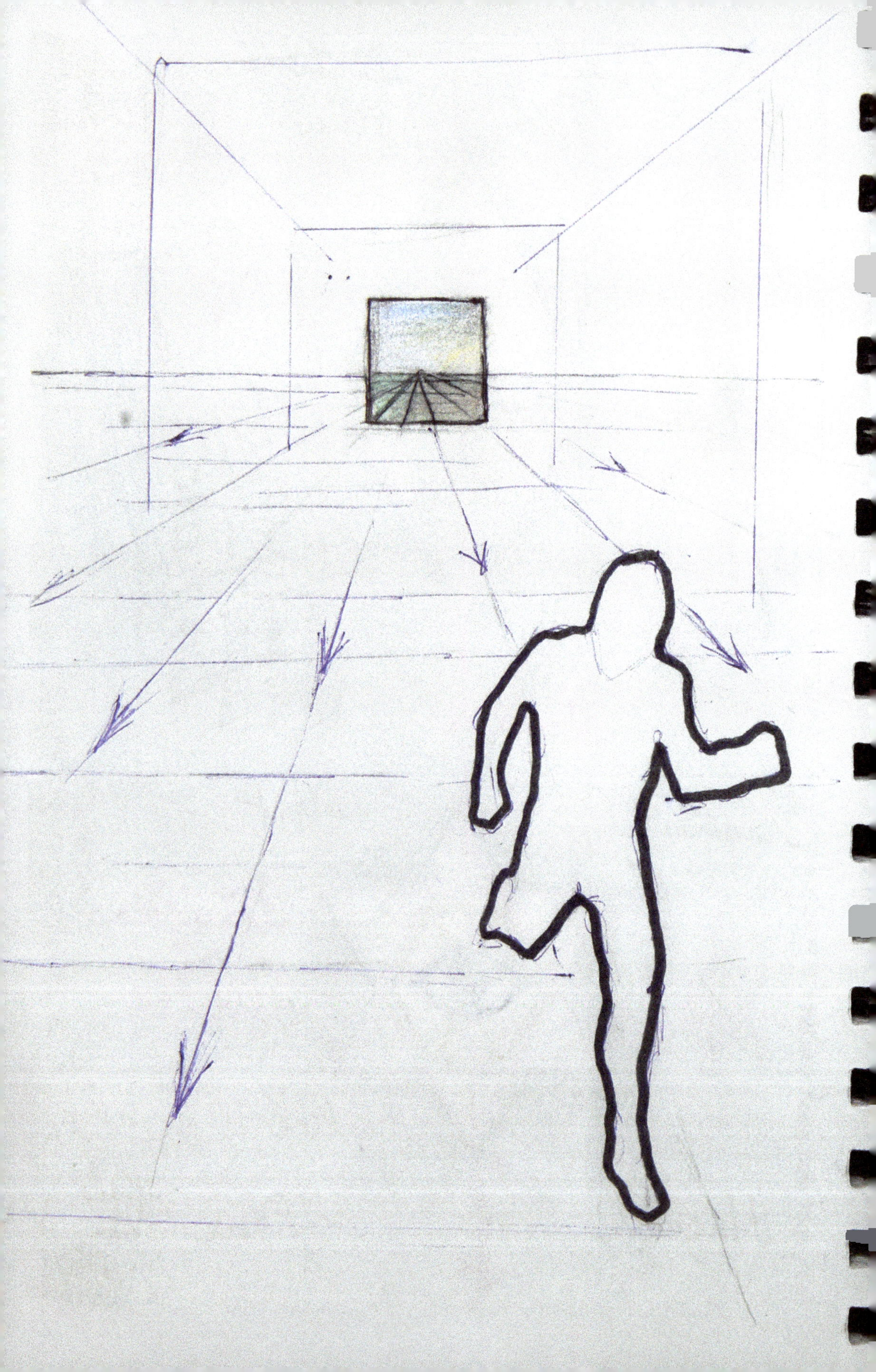

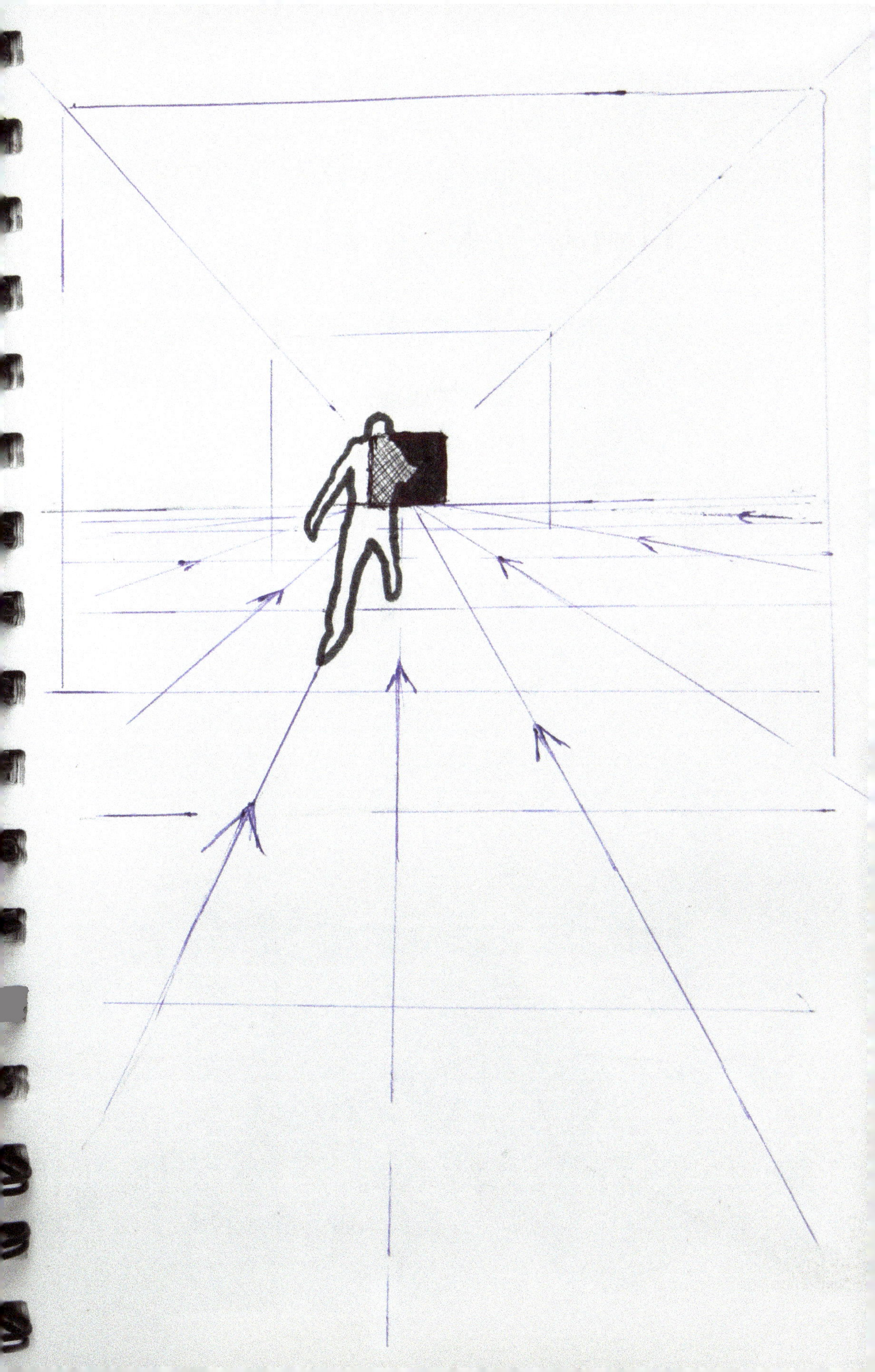

Une oeuvre en devenir. Jamais figée, ce qui chosifie l'absence qui efface la présence. Qui apparaît et disparaît à la fois.

Here Not Here

Système en formation

tous les possibles et une chose à la fois.

Système émergent

L'artiste est dans le système

Le spectateur ouvre le système

à l'extérieur la forme

Intérieur au système

l'exposition

Extérieur au système

le spectateur.

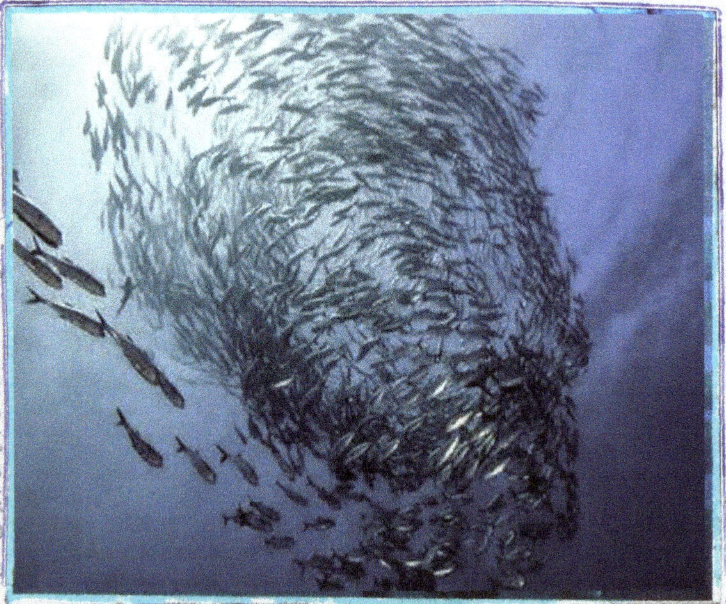

Comme dans un trou de verre?

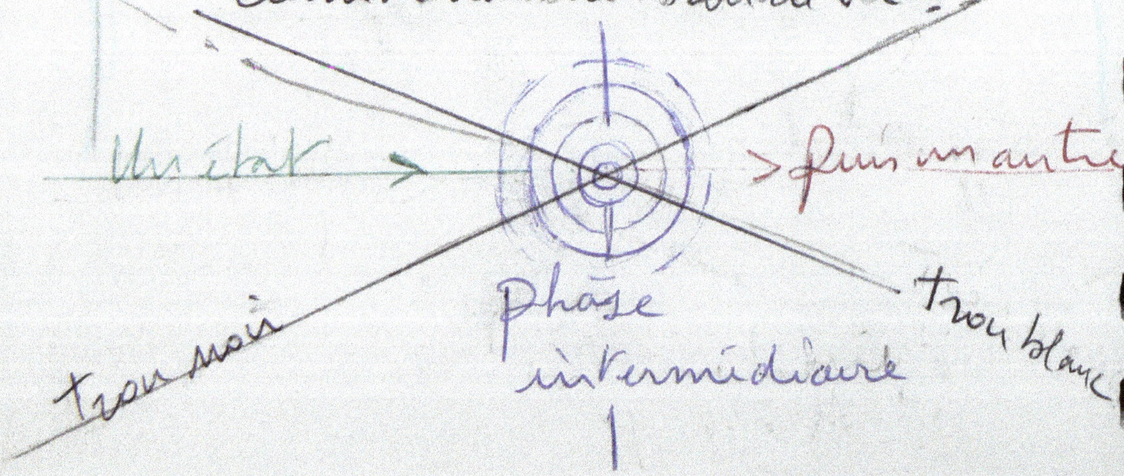
Un état >
> puis un autre
Phase intermédiaire
trou noir
trou blanc

Support et objet à la fois.

Ici et le bas
avant et après
réel et virtuel
fond et forme

IDÉE

Fini

CHOIX

Forme

Ici toute la partie création a disparu → départ et fini seulement — on prend soin.

Ici il y a un choix effectué — une forme conçue — très appliquée — pas d'accident rapide

Statique

Evolution fossilisée

T 2 D

E 3 C

1 1 2 3 5 8 13 21

Théorie de la bifurcation (Systèmes dynamiques)

Compression virtuelle Espace Temps

Cette boucle spatiotemporelle est invisible. La preuve qu'elle existe est les images résiduelles qu'elle laisse sur les 2 moniteurs LCD Caméra et TV.

Caméra Vidéo

Plan 2D de l'écran LCD

Théorie du Chaos

fossiliser les images Vidéo feedback à l'aide d'une imprimante 3D.

Dans une fourmilière, chaque fourmi évo-
-lue en rapport aux autres. Chaque individu
remplit sa tâche et l'ensemble forme
une superstructure, très complexe et très
organisée. Aucune des fourmi (prise à part)
n'a la moindre idée de cela. Elles agissent
mécaniquement, sans réfléchir. Et de là
émerge un système élaboré – Nous (comme
les fourmi) nous affairons à nos tâches
quotidiennes sans même savoir ce que
nous fabriquons vraiment.

Système en formation — Emergence

Vidéo feedback + Peinture

1 possible en partie virtuel ≠ Matériel

Infinité de possibles à partir d'un même support

Matière inerte activée par le virtuel
Générée par un système Vidéo FB
le résultat dépend d'un univers
virtuel (matière) – Fourmis [illegible]

Crossed eyes

2 positions dans le temps et l'espace 2D

G
T 1

Statique éloigné du réel lui est en mouvement

1 seul objet virtuel entre (3D)

G
T 2

Donc + proche du réel

Before — After

Time

Autre position intermédiaire qui se situe dans l'écoulement
H. Bergson

In — Between

2 temps : un qui s'écoule l'autre qui se remplit

↓ Now

— In transition

↓ Direction

Il y a une certaine forme de dualité entre l'avant et l'après d'un sablier mais le sable s'écoule tout en reliant le haut et le bas (la durée) H. Bergson

Le Temps unificateur dans l'absolu et diviseur par l'observateur 1 vers 2 ou 3.

Une chose
2 côtés
Double

Amour
Bien
Correct

Haine
Mal
Incorrect

Original

Reflet

"Un"

Opposés

Unifiés

Le réel et son double
émergence de la réalité

QVOD SVPERIVS MACROPROSOPVS

MICROPROSOPVS

QVOD INFERIVS

Reflet

Original

Ⓐ Petit

Ⓑ

Grand Ⓑ

Ⓐ

Réel
Virtuel

Crossed eyes

Présence

Le réel
Son double

Son double
Le réel

2D

2D

Une chose

3D

Absence

Gauche

Droite

Réel

Réel

Virtuel

Réalité

L'appréhension du monde c'est l'unification de plusieurs récepteurs : les yeux, l'ouïe d'une part

le toucher etc

de notre

résultant

sur les

reflexion

l'autre sur

choses et de

-tion du

la sensa-

paramètres

vécu_ les

donnent

nous

au moment

accès à

imprégnant

qui s'

constitue

en nous

de notre réalité

l'écoulement

même

1 2

inverso

3

Symétrie
Reflet
Double
copie
Même

Entre

Avec la
tache de Rorschach
le cerveau identifiant
l'identifiable
cherche à tout
prix à faire sens-

1 2

3

L'expérience physique se passe à l'extérieur mais l'expérience vécue se passe à l'intérieur. S'il n'y avait rien de matériel mais juste mon esprit, ma pensée, pourrais-je imaginer quoique ce soit ? Ou même tout juste penser ? Sans la matière, les choses, enfin, le monde, je ne serais que vide. Pour exister, prendre conscience, je nécessite le monde extérieur et le monde extérieur a besoin d'une conscience pour exister, l'un ne va sans l'autre.

Faire un choix, c'est se définir dans le temps et dans l'espace. Si nous prenons en considération "l'émergence", les choses passent d'un stade (état) à un autre en fonction des contingences environnementales. Faire le choix de ne pas choisir c'est reconnaître que de choisir n'est qu'une volonté de contrôle perdue d'avance. Nous faisons partie d'une superstructure qui nous dépasse et nous emporte. Nous sommes comme ces oiseaux dans le ciel qui forment un corps, structuré, organisé. Mais si chaque oiseau remettait sa course en question cela briserait totalement l'harmonie pour faire place au chaos.

Lose control is to gain control

Contrôle
Intellect
Perception...

Abandon
Capitulation
Raison

Rotation à gauche Rotation à droite

Fini toujours vers la droite
Celle-ci-dessous toujours vers la gauche

Illusion Référentiel

Dans les 2 versions les flèches aux extrémités des cercles apparaissent opposées, alors qu'elles vont dans le même sens.

A très grande échelle et vu d'un très petit point de référence les flèches apparaîtraient évidemment opposées.

Je n'aime pas ma vie parce qu'il y avait d'autres possibilités.

Choix

Possibilité

Choix

J'aurais voulu que les choses se passent autrement mais que je suis, là où je suis a fait que les choses se sont passées ainsi !

Le choix se situe entre la frustration et la capitulation
Être heureux c'est accepter

Les branches qui poussent ne sont pas le fruit d'un choix de l'arbre mais s'étalent de façon à l'équilibre.

2
3
4
5
6
7
8
9

Infinite recursion

Plusieurs couches

Mise en abyme

1 2 3 4 5 6 7 8 9

do ré mi fa sol la si do

22 Janvier 2019

Absence

Présence

Spirituel
Élévation
Dégradation
Départ
Fin
Matériel

Rationnel
3D 4D
Esprit
1 2 3 4 5 6 7 8
Statique
Dynamique
Matière
Concret
Émotionnel
Imaginaire

Les opposés

grand

grand

Maintenant

et

là bas

là bas

Médiateurs

Ici

loin

loin

Miroirs

Reflets

Voir

Comprendre

Connais-toi toi même

Nature

Prendre Conscience

totalité

Récepteur

Quantité
Qualité

Superstructure

Microcosmemilieumacrocosme

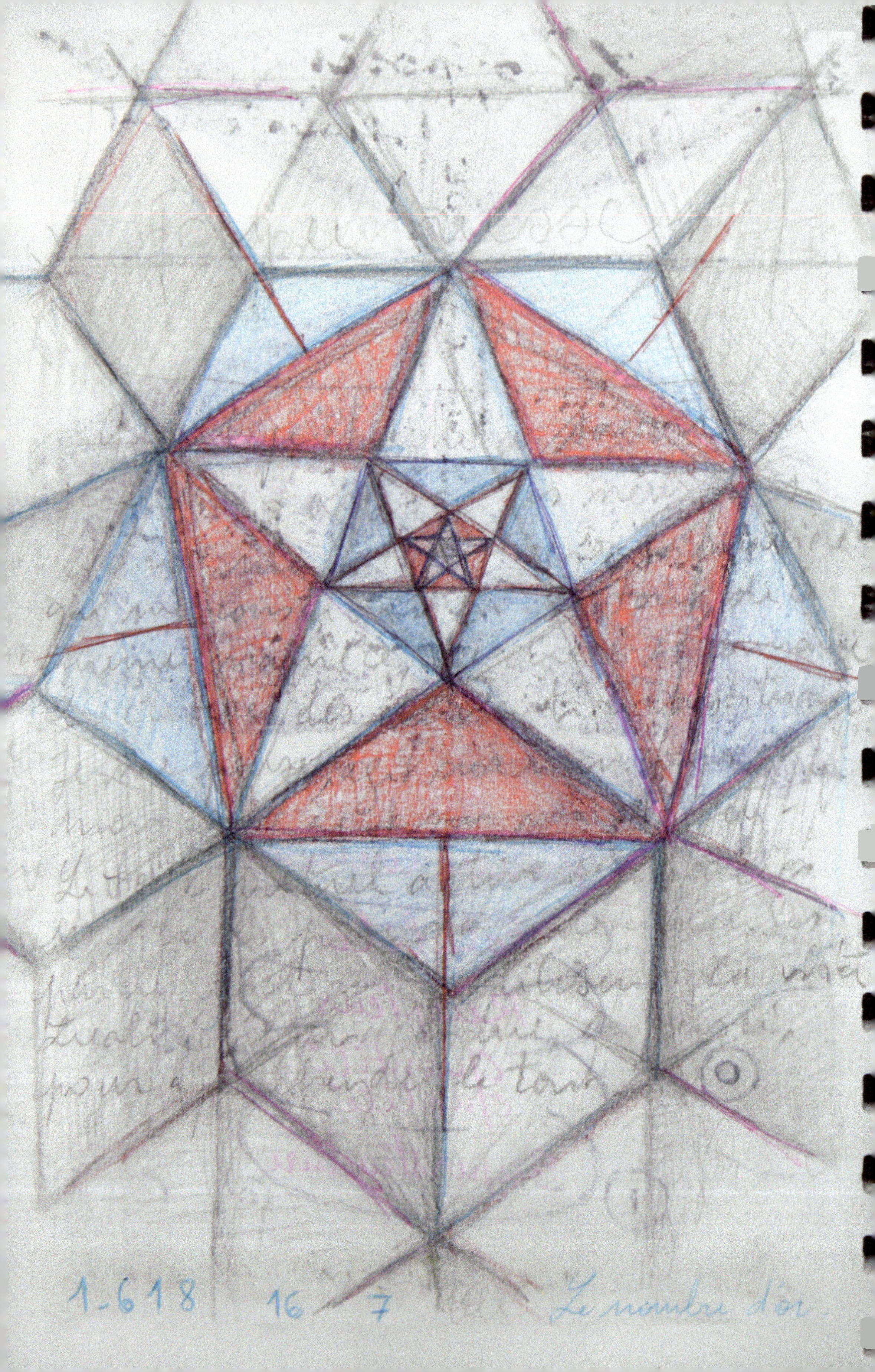
1-618
16 7
Le nombre d'or

Cythraul Néant
Owen Wed
La plénitude

L'amour Celtique des Triades

Les 3 pointes supérieures sont donc placées au dessus des 2 pointes inférieures qui représentent les opposés dualistes, qui ne peuvent être intégrés ou mariés » (voir tout en blanc ou noir).

Phase du miroir

Derrière le miroir - A l'autre bout près de la fin l'homme se regarde en mémoire -

Se faire exister en tant que corps (image) C'est se détacher du Tout "Je suis" → Moi, Identité Ego ...

Schéma corporel

"Schizophrenia"
It is essentially a chronic disease of unknown origin, characterized by marked personality disintegration.

opposés

Dualité

Même

Paradoxe de Russel
" de Cantor
L'ensemble de tous les ensembles

Hier ou demain n'existent qu'en relation avec aujourd'hui et vice versa. Mais dans la réalité matérielle hier et demain n'existant plus ou pas encore (donc pas) qu'en est-il d'aujourd'hui?

L'infini dans l'infini

987654321 123456789

Penser l'infini = Antinomie

Le Dasein → L'homme s'être là

→ Être et temps Heidegger → L'être

Bergson ← La vie → le temps

L'eau est dans la bouteille
L'homme est dans le monde
Le dasein est au monde

?

LCD

Water

Memoire de l'eau

Dans mon enfance, un été à la mer,
je fus renversé par une vague, Des
ondes de toutes les couleurs m'apparurent
Je pouvais, sans effort, respirer sous l'eau
et m'y sentais en totale sécurité,
dans un état de plénitude.

4.5 milliards d'années

La mémoire de l'eau - Notre disque dur -

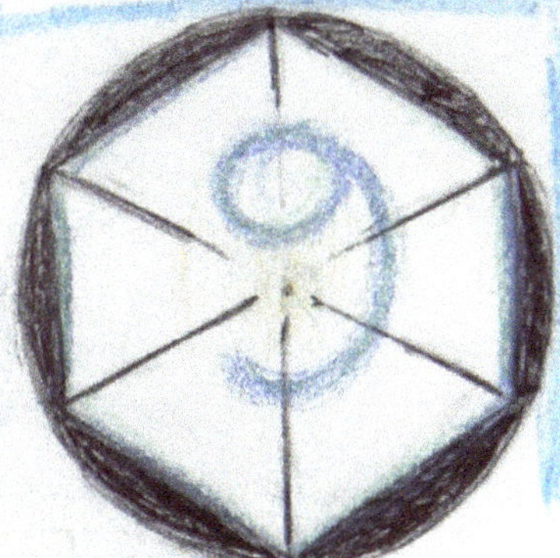

Nous sommes constitué de 75% d'eau D'où vient notre mémoire

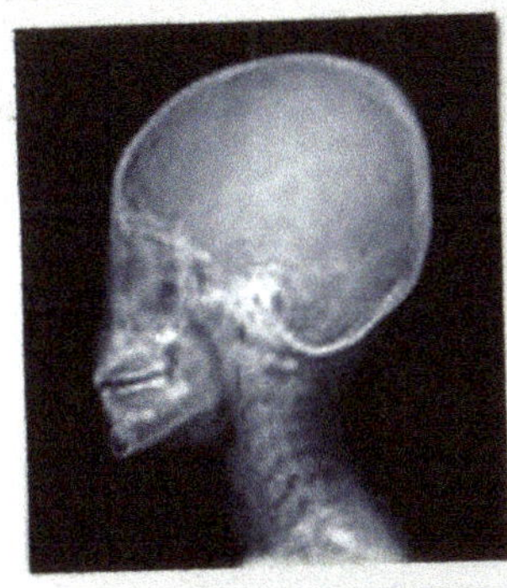

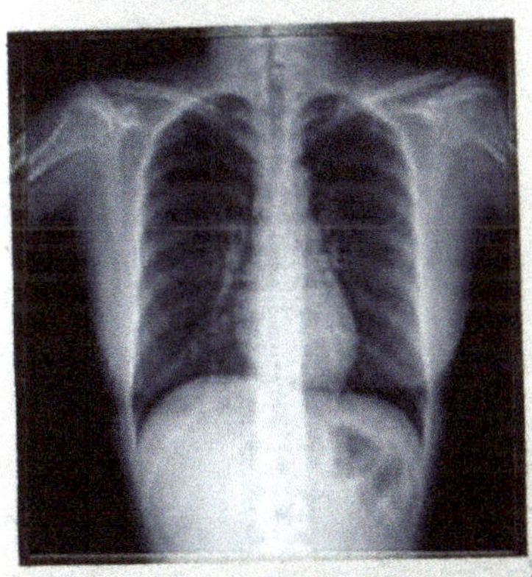

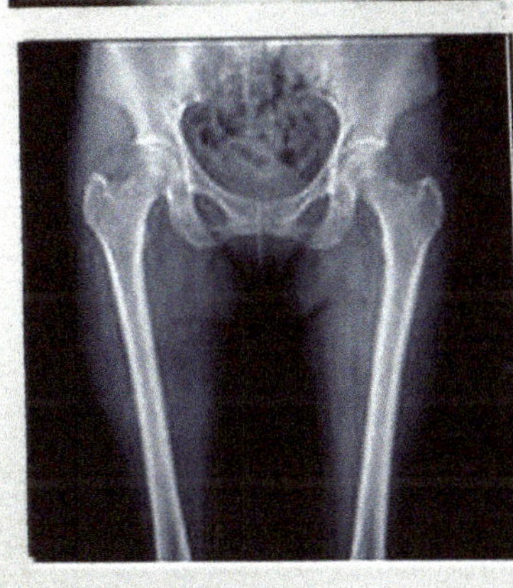

Les cristaux, la roche sont le squelette du vivant sur lequel l'eau étend la vie animée -

Physique Quantique

- Quasicrystal
- quasiperiodic crystal
- Structured but not periodic -

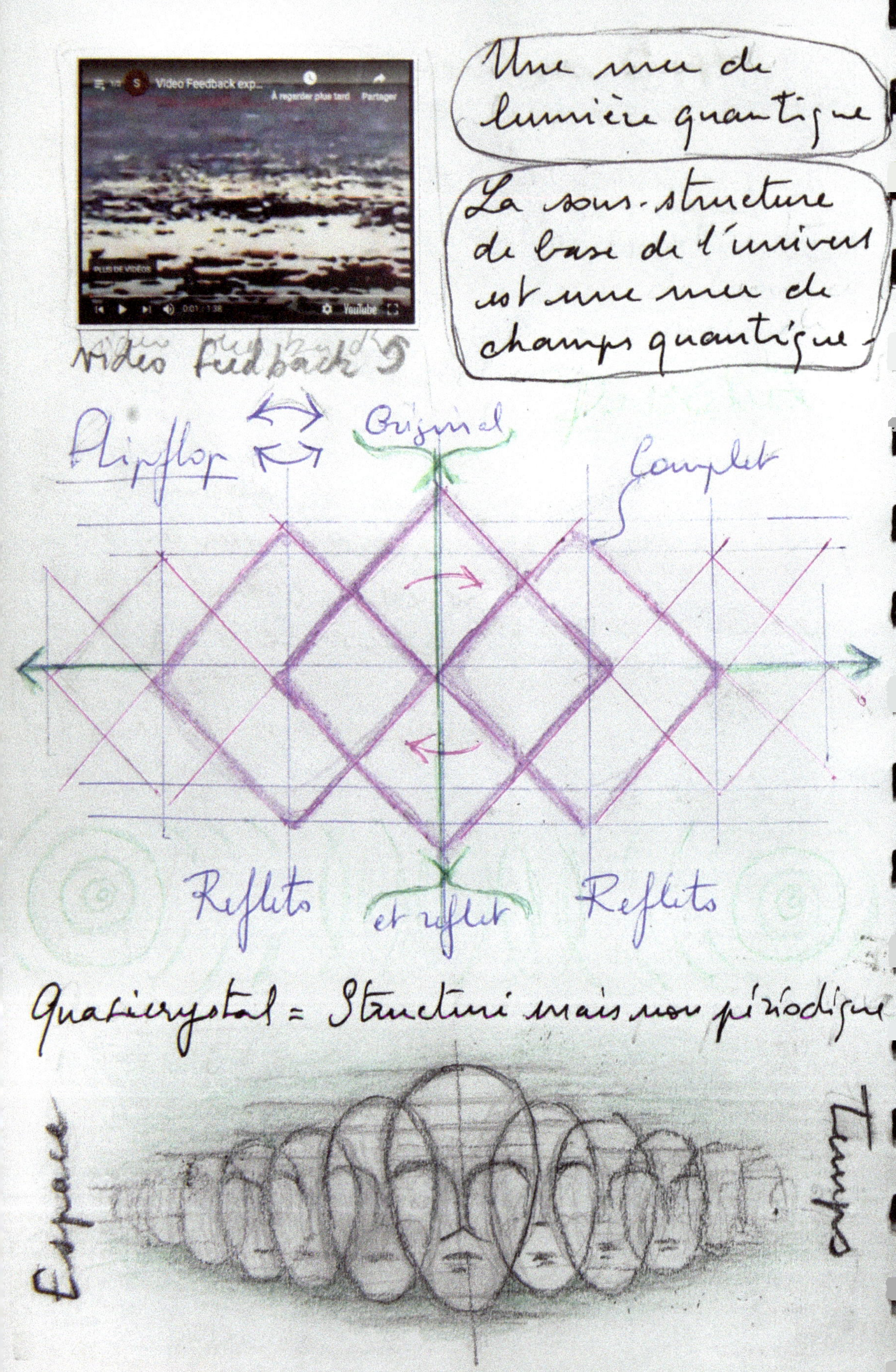
Video Feedback exp...
À regarder plus tard
Partager
PLUS DE VIDÉOS
0:01 / 1:38
YouTube
Une mer de lumière quantique
La sous-structure de base de l'univers est une mer de champs quantique.
Vidéo feedback
Flipflop
Original
Complet
Reflets
et reflet
Reflets
Quasicrystal = Structuré mais non périodique
Espace
Temps

Symétrie X Reflets

Causalité

Causes — Virtuel — Réel — Effets

Passé — Futur

Présence

Réalité

Absence

Futur — Passé

Effets — Causes

Retro-causalité

Deux miroirs face à face

Le miroir qui s'observe dans le futur

Le miroir en devenir

Le miroir qui s'observe dans le passé

dynamique

objet choisi par moi-même

objet choisi par moi-même

Le Graal.

L'être c'est l'absence. La présence c'est le corps. Une statue de marbre par sa présence reflète l'absence.

Ma présence ma absence

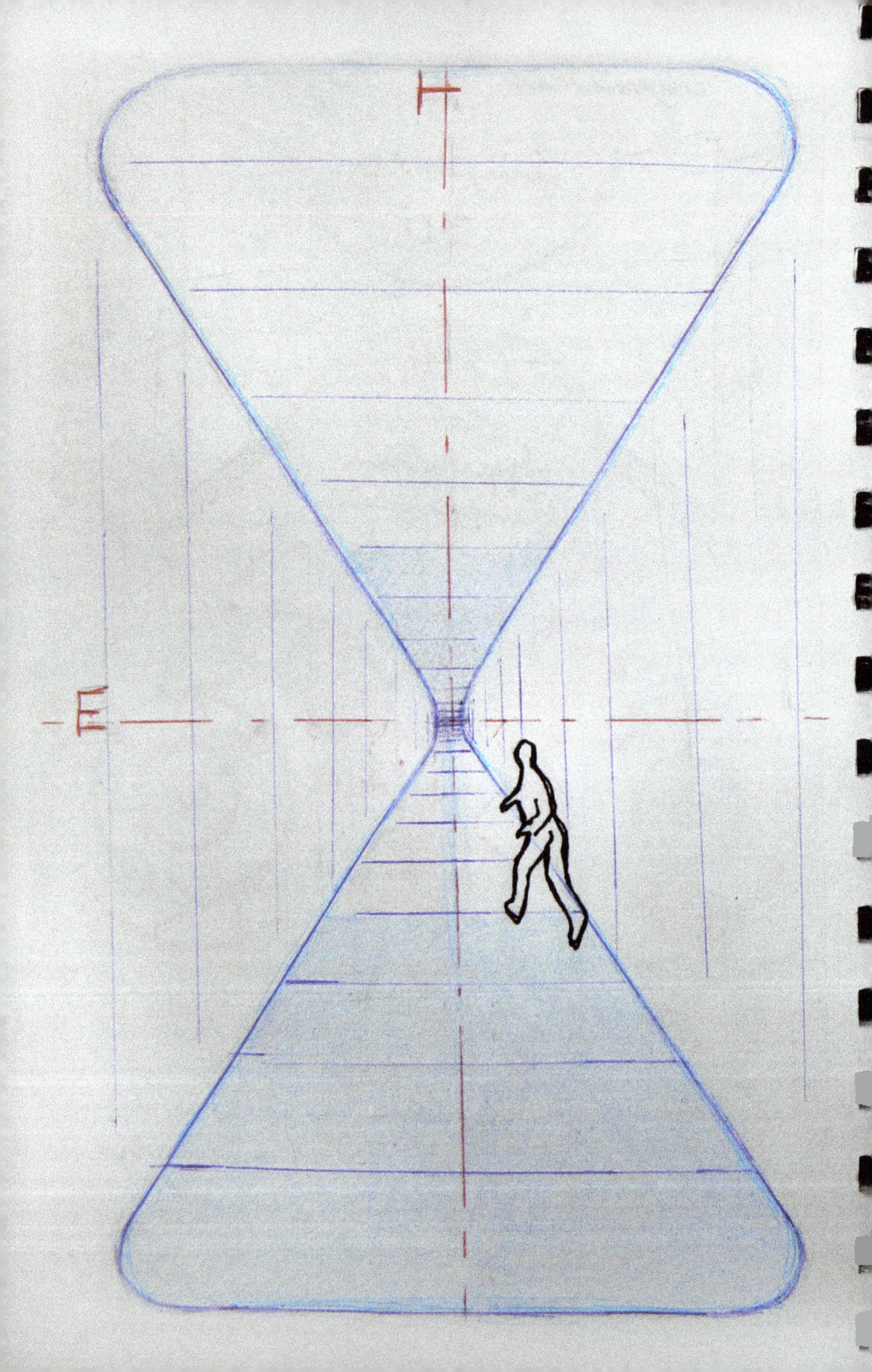

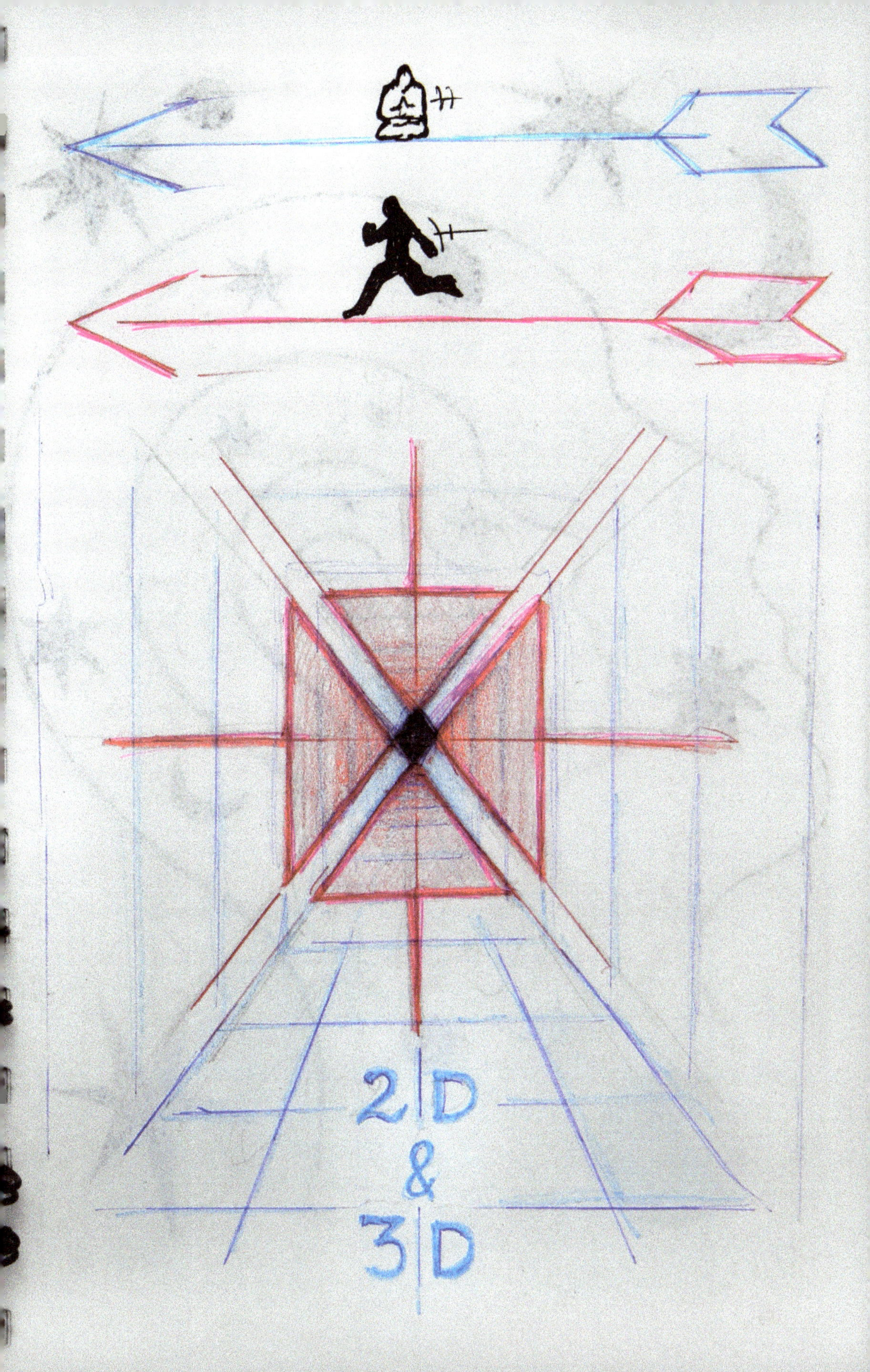
2D
&
3D

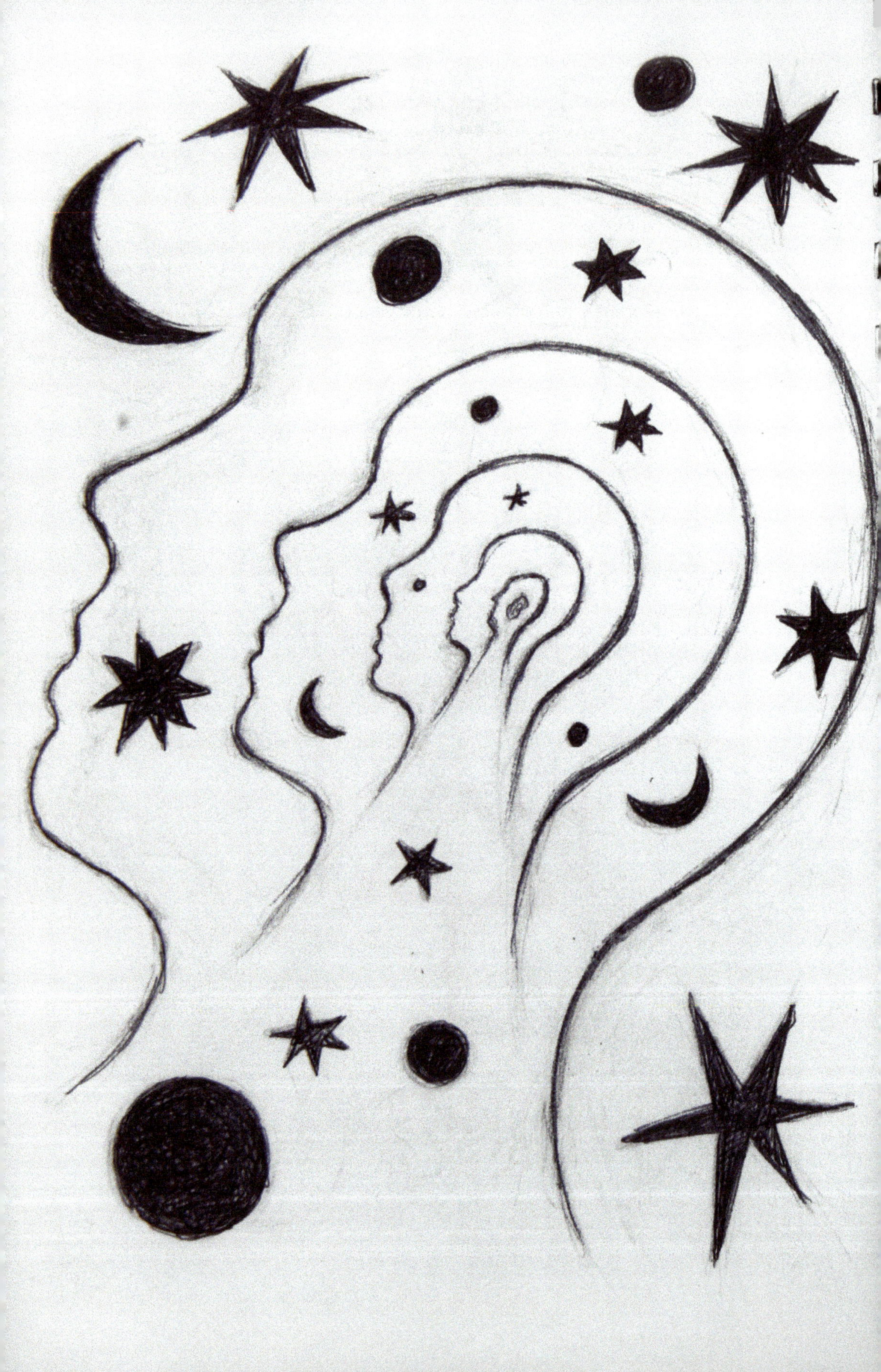

Nous partageons le monde exterieur (materiel)
Le monde intérieur se vit seul.
Ce modèle de société materialiste dans lequel nous vivons est peut être le reflet d'un manque de croyance en soi. La vérité ne pouvant être intérieure doit se trouver à l'exterieur partagée avec autrui. La solitude nous effraie. nous la fuyons sans cesse parcequ'elle nous ramène à nous-même.

Etre libre c'est accepter d'être fragile. Jamais sûr de quoi que ce soit. L'ouverture d'esprit totale nous enlève la possibilité de choisir. Alors tout devient possible jusqu'au face à face avec soi; l'être profond là, en attente.

Chosifier

Devenir / Être

Le possible est possible quand il se réalise.

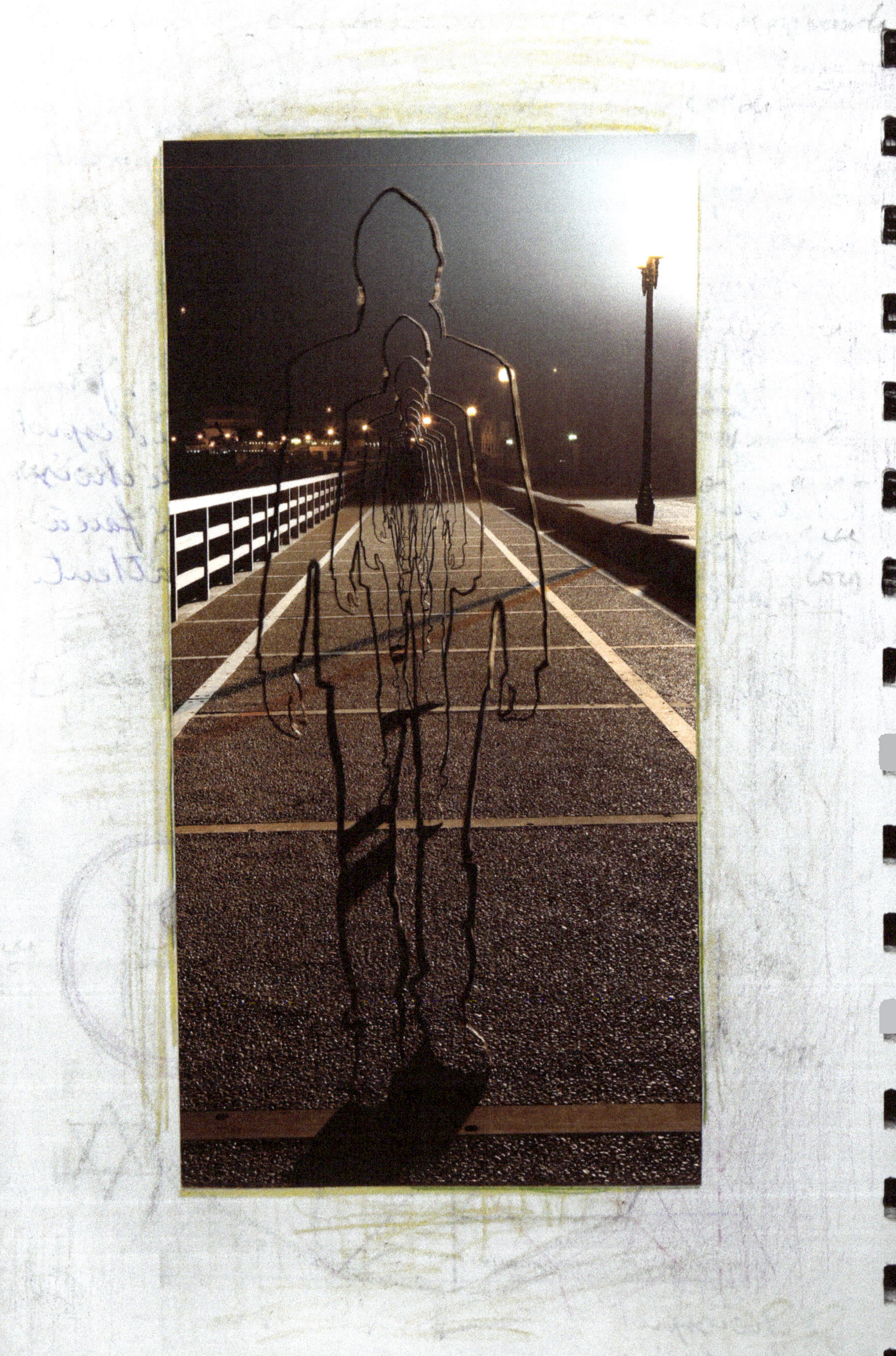

"Je suis en devenir" - Je pense = Penser est dynamique - Me saisir en tant qu'être au monde fait du moi une chose. Une illusion rétrospective agencée par la volonté de contrôle envers une liberté qui nous effraie.
Libre ~~[illegible]~~ de ce "être" persistant qui nous étouffe sous une épaisse peau d'individu. Nous sommes aveugles de voir, sourd d'entendre, muet de parler et insensible de toucher. Le manque de confiance en la vérité nous fait nous accro-cher au "moi".

La place du miroir

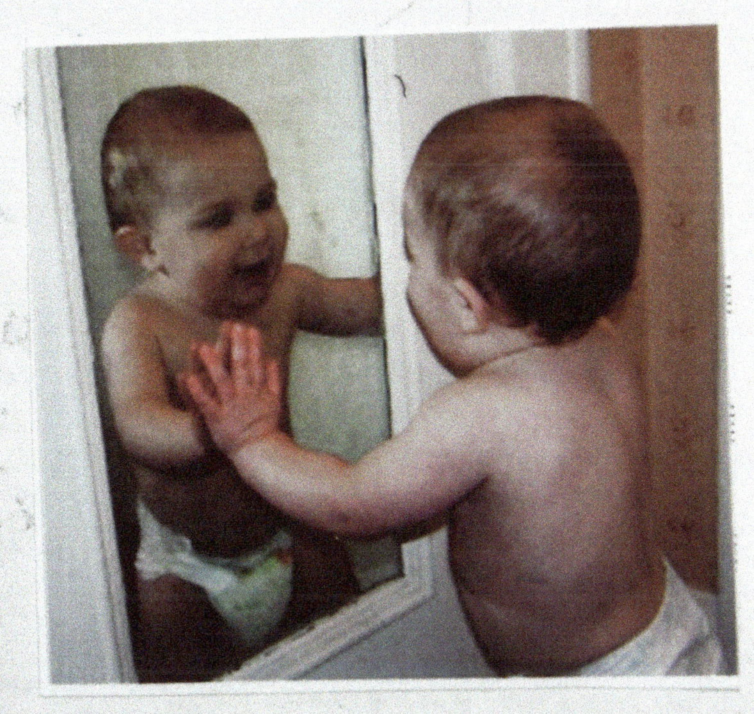

Se libérer de la chose

En louchant ces 2 instants se réunissent en une image mentale. Le portrait virtuel apparaît en 3D. Passé et futur se joignent en un présent matériellement inexistant.

2 miroirs l'un dans l'autre

Passé ⊖

Futur ⊕

images miroirs

même chose

Futur ⊕

Passé ⊖

Passé ⊖

Futur ⊕

Liberté impossible

Moi futur

Moi présent

Dialogue avec soi

La réalité naît dans la rencontre avec moi-même. Le moi passé rencontre le moi futur et devient le moi présent.

⊖ ⊕

⊕ ⊖

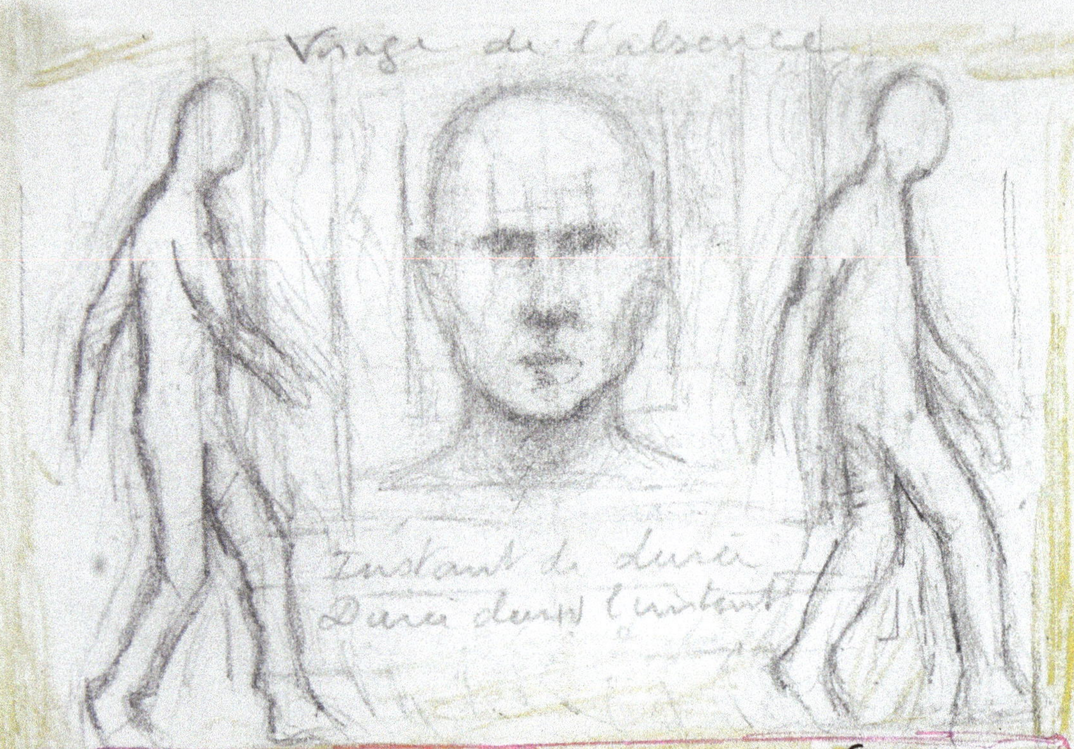

Visage de l'absence

Instant de durée
Durée dans l'instant

Sans mémoire, sans projet, l'oeuvre est là, éternellement présente. Elle ne fait qu'apparaître et jamais ne disparaît. Il n'y a nul vie en elle, elle n'est que son reflet et pourtant, la vérité ne serait perçue sans elle.

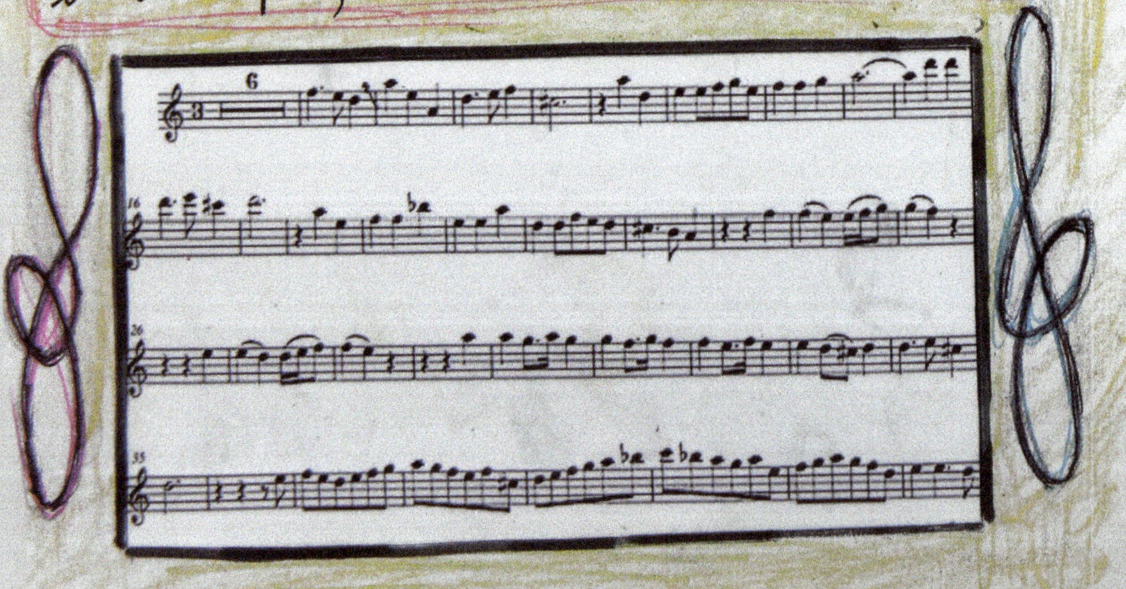

Délimiter l'absence

Le cube

pt de vue générique ou stable

Cône de lumière

9 x 1 = 9
9 x 4 = 36
9 x 3 = 27
9 x 5 = 45

9 x 3
27

Pt de vue non-générique ou instable

6 + 3 = 9
8 + 1 = 9
etc...

9 x 8
72

N.G fait coïncider le pt de vue avec celui de l'absolu (Cusa)

9
54

La Pyramide

Reflet

6 9

Miroir

6 x 9

Conceptuel

Émotionnel

Spirituel

But

Homogénéité par la médiation du sensible et de l'intelligible –

Schématisme – Art caché dans les profondeurs de l'âme humaine.

E. Kant

Revoir les oeuvres papiers (doublé)

Blanche

Les couleurs et autres sont dûes aux aléas du réel

Lumière
Volume
Support
Idée

Origami Sujet

Information Sujet

T2 → T1 ← même → T2 → T1

L'intellect = Information
Forme

L'info vient après la fabrication de l'origami T2

La chauve-souris est un produit [illegible]

Le sujet devient l'absence
Le support la présence

Papier (0) → Pliage → figure → Papier / Image } Infos

Pattern non-periodique

Quasicrystals

Le visage de la non-forme deviendra obligatoirement une forme - Mais la progression vers cette forme étant dynamique (en mouvement) Elle ne pourra atteindre une forme définitive - À la fois, cette évolution pourrait être considérée comme "forme". [Absence / présence] -

Futurism

Une sphère, par exemple, devient un tube -

La saisie du mouvement un corps dans l'espace et le temps - "Saisie de durée"

Ces cahiers eux aussi sont dynamiques

Paradoxes

Le construction n'est non plus linéaire puisque je reviens sans cesse sur les pages précédentes

Je suis ? Être là ⇒ Se définir à un moment précis ! J'existe là, à cette minute, dans cet espace] - Illusion rétrospective de la conscience de soi - La seule présence possible est du domaine du ressenti, et non analytique - être dans le présent" c'est plutôt ⇒ vivre le présent - Y réfléchir ? Illusion rétrospective → (Intellectuel)

Créer une oeuvre dynamique telle est la vie - Sans programme

là là là là là là-bas là là-bas

Ne pas perdre

Absolu ?

UN

Spinoza

Dieu Nature

Infini Multiple

Vérité

Limites ?

Formes possibles de la multiplicité ?

Dieu
Les mathématiques

Infini Extérieur

Infini Intérieur

Vérité

Choisir c'est perdre l'infini au profit du fini. En ne me choisissant pas je deviens ce que je suis.

Symétrie

Paradoxes

Etre sensations

Exister Infini

Sentiment d'être absolu

Infini fini
L'infini dans l'infini évoluant à l'infini.

S'apparaître

Etre au monde
Se chosifier
Identité
L'être efface le devenir

C'est introduire une séparation entre moi et le monde
"Diviser"

Beau
Laid
admirable
repoussant

L'objet-division

Un système à la fois fini et infini

fil infini

objet fini évoluant sur l'infini

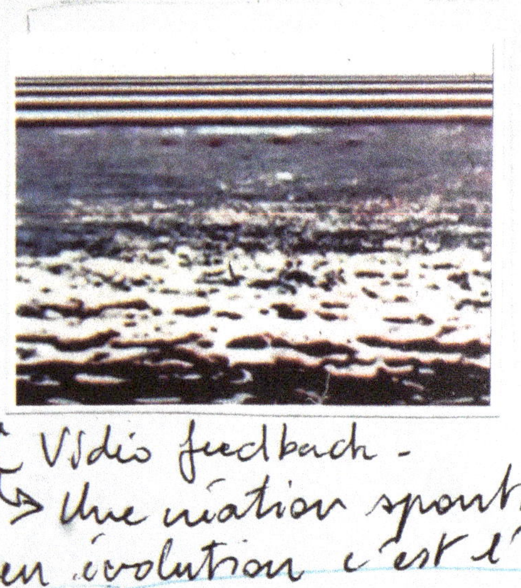

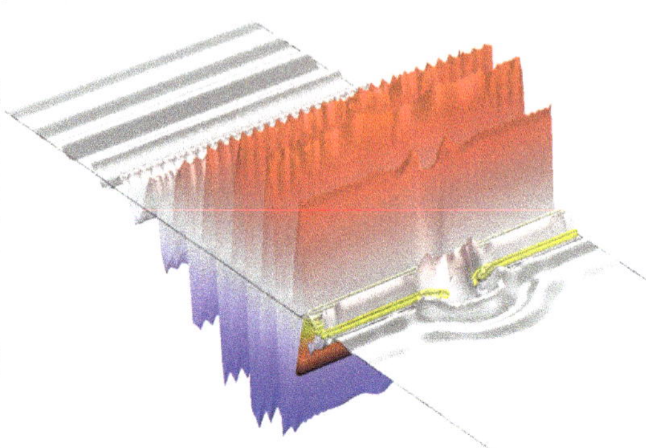

↑ Vidéo feedback.
→ Une création spontanée au sein d'un système en évolution c'est l'auto-organisation.

L'objet a une histoire, la nature n'en a pas.

La coupe de Lycurgue

Les alchimistes et les verriers exploitaient les effets plasmoniques dans des vitraux ou des gobelets colorés.

← 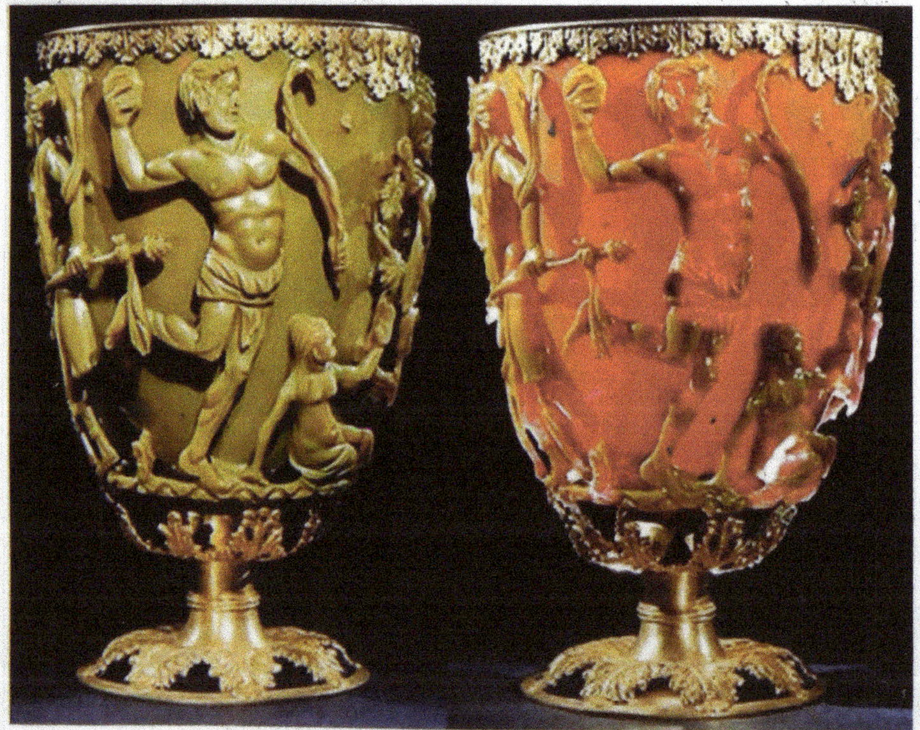 →

changement

Une chose, deux possibles.

Quand je parle à moi-même, me questionne, me réponds mon présent (T1) questionne mon futur. En répondant à mon passé, celui-ci devient présent (T2) transformant (T1) en information passée, celle-là même qui produira les questions suivantes, et ainsi de suite jusqu'à la mort. Le présent est animé par ce feedback entre possible et révolu.

0010010
10011001
0010100
11100110
0101001
10101100

−

MOI

Création spontanée

Une chose

En même temps (spontanée)

0100110
10011001
0010100
1101100
1101010
10010011

+

MOI

4D

Voir un objet normalement invisible dans l'espace à trois dimensions. Escher en est proche.

Quand le moi présent raconte son histoire au moi passé il fabrique pour celui-ci l'information même qui servira à créer l'histoire à venir.

Moi

feedback

Système Auto-généré

Futur

Observateur

Présent

Espace

Passé

Entre dessin et sculpture

Temporel → Flux de la conscience

Schématisme

Gauche

miroir

Droite — Art caché dans les profondeurs de l'âme humaine

E. Kant

image

Instantanéité

Instant

point mathématique

Tout avoir et tout de suite

Tout ? Absolu ?

Théorie du Schématisme

par la médiation du sensible et de l'intelligible

Image de soi en soi

Il y a la réalité du corps (le corps en soi) et la réalité de la conscience "pour soi"

Entre dessin et sculpture

Langage 3

Anthropologie 8

① Un moment — Fleur bleue des bois — ② Un moment plus tard

Passé rapport à ② mais présent rapport à ①

Futur rapport à ① mais présent rapport à ②

Nature / Machine

Vidéo feedback

Écran LCD

Vidéo Caméra

Loop Connection

Amour → Vitesse de la lumière - (œil)

Cybernétique

Être

Paraître → Apparaître

Cette partie tellement reposée dans le temps est imperceptible

Ideal mirrors

ideal mirrors

free space vacuum field fluctuations

selected vacuum field modes

free space vacuum field fluctuations

distance d

Devient qui tu es → Nous … Sommes ← Je suis qui tu es.

je suis eux et

Deviens qui tu es.

Se connaître c'est se reconnaître donc découvrir que l'on sait.

Une entité composée d'une multitude de part

Cymatics → Ancien grec
"Wave"

Ordre → Chaos
Emergence
↓
Nouveau
New

Cymatic geometry

Compression d'espace
2D
Compression de temps

Simple video feedback
double sens

→ Future
← Past } Same time.

Video feedback
Simple → spirale

Rapport de "bruit" dans le système

(+) Chaos

Waves

Bruit

Formes

Apparitions de reliefs genre montagne, lacs etc..

Réel

Zoom In

Zoom out

Futur

Virtuel

Virtuel

Equilibre

Écran

Pt de contact

L'équilibre sur l'écran (2D) est dû à l'écrasement spatio-temporel virtuel. Une structure stable mais dynamique émerge sur l'écran LCD. Tout comme le vivant cette structure (image 2D) Evolue vers sa fin.

Le futur affecte le passé. Le passé le futur. Le présent etc..

0 1 2 3 4 5 6 7 8 9 10 11 12 13 14 15 16 17 18

1 2 3 4 5 6 7 8 9

Descent

Monte

Décalé

général.

Comme le Shepard tone qui donne l'impression que le son monte indéfiniment alors qu'il descend de la même manière.

1 2 3 4 5 6 7 8 9 10 11 12

vidéo — feedback.

en dernier plus près du présent

Par rapport à celle-ci la dernière
est en ...

Ancrer la durée dans le "concret" → l'instant de l'objet.

Réel en Soi

Monde Extérieur 3D
Espace présent

Réalité
Une illusion persistante

1 2 3
-1 -2 -3

Effondrement à l'infini

9

Ecrasement Espacetemps
Symboles 2D

Monde intérieur
Construction en cours

Passé Futur

Espace
Temps

9

Shepard Tone.

Out
Infini
Up
Pendant
Continu
Down
In

Départ vers un dual torus

L'espace plan d'où émerge le temps - Comme l'eau qui s'écoule -

Horizon des Possibles

Émergence

L'eau

La glace La vapeur La neige

Faire des "studios" sans y réfléchir → Émergence d'une forme (idée

1 A
Avant

Double

2 B
Après

Même chose vue d'ensemble non-dualiste

Entre
Durée - Vie
Création

Rapport au point de vue 1/2 A/B
↓
Dualité

~ Flow ~

Saisie 1/A

Saisie 2/B

Un possible qui se concrétise

Un possible qui se concrétise

Ordre

Émergence

Chaos

L'oiseau chante sans y penser. Il est en harmonie avec le monde avec la nature. Le vent émet un son plaisant pour certains, effrayant pour d'autres. Il n'est pourtant que le produit du mouvement au sein de l'atmosphère.

"Shepard Tone" ⇒ Monte et descend à la fois.
Un son en suspens, comme infini.
"Infinite recursion" ⇒ Vers le petit et vers le grand à la fois.

Escher

Ouroboros

passé

présent

futur

Déterminé dans la vue d'ensemble

global

Présent

Pour apparaître je dois disparaître.

ORUS

Bach

Comme le Shepard tone le Torus monte et descend à la fois.
Cela ressemble au cerveau, à son dialogue intérieur.

Feedback loop

Emotionnel

Dialogue avec soi

Rationnel

3D → 4D

3D ← 2D

Un art sans image ? sans visage ? libre, sans objet.

Symétrie
Equilibre
; Feedback intérieur

Se découvrir c'est effacer l'image au profit de l'être.

(Il y a bien sûr la petite voix de l'habitude). La répétition forme des chemins neuronaux, difficiles, voir impossibles à effacer. Et puis il y a le changement, la création de nouveaux chemins. Mais de toute façon à la fin du parcours il n'y en avait qu'un possible : celui-là même qui a été emprunté.

La myéline

One way labyrinthe

Many ways.

Ici il n'y a pas lieu de perdre son chemin [S] la peur ne prend pas le contrôle

Très facile de se perdre.

Il n'y a qu'une voie possible car le possible est possible seulement quand il se réalise.

Fleur en forme d'hexagramme ou étoiles à six branches -
Fleur de Narcisse.

Adenovirus

Ondes exterieures provenant de la matérialité du support.
Cela provoque des ondes de choc à l'interieur du cube virtuel -

2D

Ecrasement spatio-temporel

Possible dans la 2ème D et non dans la 3ème

Limites T/E

0D 1D 2D 3D

Passage d'une dimension à une autre.

4D

Compression spatio-temporelle

4e dimension

Naissance de cette forme au sein du vide.
Nature / machine
Nous ne pouvons que réarranger le connu et c'est pour cette raison qu'au coeur même de notre technologie nous retrouvons la nature.

Forme auto-générée
Un possible virtuel apparait -
- Virtualité "vrai" -

Cette forme a émergé sur un écran LCD.

Le Chaos est libre de forme - Il s'organise en forme et devient "chose".

Infini fini → Paradoxe lié au pt de vue

Horizon — Illusion

Feed back entre pt de ma perception et pt limite du visible

près / loin

2 et 7 unifiés

ici / là-bas

2D — Perspective Hexagone

3D — Perspective décalée Cube

120° — 3

60°

1 2 3 4 5 6 7 8

369

Corps Esprit

6 côtés

Horizon — 9

Dans le cube le 9 n'existe pas (dans la 3D).
Dans l'hexagone 2D (cube écrasé) :
3D devenant 2D Hexagone le 9 existe.

Le cube 3D écrasé sur un plan 2D. 2ème côté vers le 7ème → Le cube devient alors un hexagone.

Cube

Fractales

Illusion d'espace
Représentation
Analogie

2D
Tailles différentes

3D
Perspective

2 possibles

Flèches

Point de fuite
Position des regardeurs
"Observation"

Plan ou Perspective
2D ou 3D

2D et 3D
Paradoxe
4D

Lumière
Vitesse
Conscience

Monde

Rencontre du monde extérieur avec le monde intérieur
Images

La création n'a pas d'objet, c'est un regard sur l'invisible

Crossed eyes

Original (Symétrie) Copie (inversée)

Réalité

Pas d'intérieur
" d'extérieur

Kant

Intérieur
Extérieur

Descartes

Virtualité

Entre moi et moi il y a du temps. Je me regarde en arrière. Le souvenir de moi-même me ramène à qui je suis.

Continue

Boucle

∞

0

La photo d'une brindille enflammée tournant à grande vitesse donne un cercle fermé.

Instant mathématique

Durée réel

⊖?

→ 0 → 100 → 1000 → 2000 → 300000 → ∞

⊖ ⊕

Original et copie – Positif et négatif – Des contraires?
Pour obtenir du courant électrique: ⊖ ⊕.

Spirituelle

Création

Tous les possibles
Mouvement, durée,

Infini

Vie

Matériel

L'objet

Un possible réalisé
figé, "Instant"

Fini

Mort

Un médiateur entre le monde matériel
et le virtuel (spirituel).
"L'infini dans le fini"
Je suis dans le monde
et le mond est en moi.

L'oeil qui me
sert à voir Dieu
est cet oeil là même.
Par quoi Dieu me voit.
Mon oeil et l'oeil de
Dieu ne font qu'un.
De même en est-il de
la connaissance, de
l'amour.
(Maître Eckhardt)

Dessiner sans y réfl
chir. Ecrire sans
réfléchir - Laisse
le présent s'expr
-mer - Ne rien
préméditer. Ce
sera de toutes les
manières le pa
qui parlera.
Est.ce qu'il ramè
un souvenir évan
auquel je rattacher
un sens présent.

Microcosme

infiniment
petit.

- Infinite recursion -
- Shepard tone -

Macrocosme

Infiniment
Grand.

Infini

Fini

21 13 3 5 8 8 3 5 13 21

Down

Up

34 34

VOIR

In and Out

(La systémique Versus le cartésianisme)

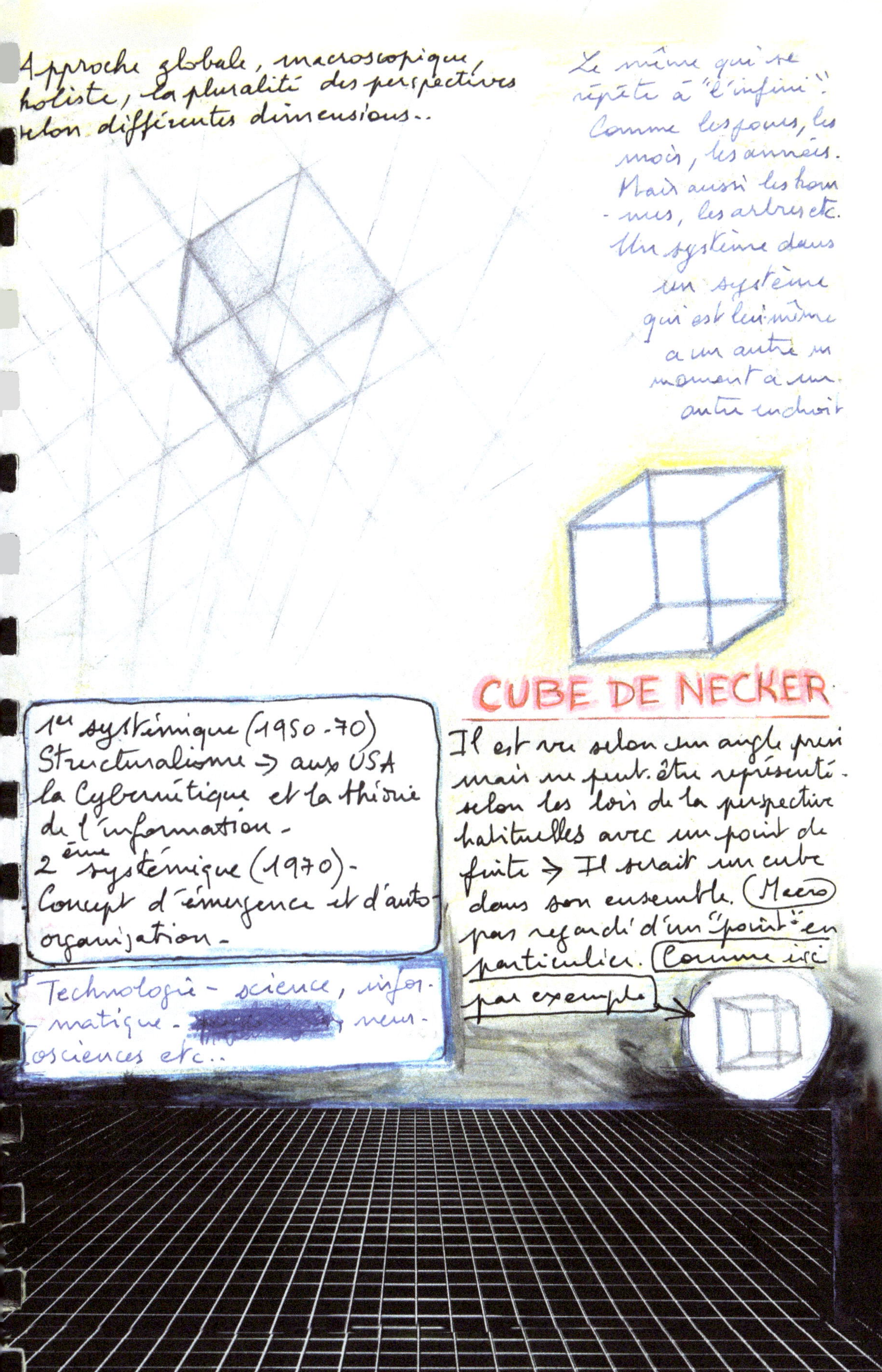
Approche globale, macroscopique, holiste, la pluralité des perspectives selon différentes dimensions..
Le même qui se répète à "l'infini". Comme les jours, les mois, les années. Mais aussi les hommes, les arbres etc. Un système dans un système qui est lui-même à un autre moment à un autre endroit
CUBE DE NECKER
Il est vu selon un angle précis mais ne peut être représenté selon les lois de la perspective habituelles avec un point de fuite → Il serait un cube dans son ensemble. (Macro) pas regardé d'un "point" en particulier. Comme ici par exemple
1re systémique (1950-70) Structuralisme → aux USA la Cybernétique et la théorie de l'information.
2ème systémique (1970). Concept d'émergence et d'auto-organisation.
Technologie - science, informatique - neurosciences etc..

En occident

Alphabet syllabique

Nous écrivons nos mots avec des signes qui n'ont aucun sens → lettres ou syllabes. C'est pour nous globalement le cerveau gauche qui travaille au moment de la lecture ↓

Les idéogrammes ou hexagrammes, étant des dessins, c'est plutôt le cerveau droit.

En Chine

Hexagramme

Idéogramme

Perception idéo-diamatique -

Yi Jing ou Yiking (classique des changements ou traités canoniques de mutations ou livre des transformations)

Dessins abstraits pour nous

Représentations d'idées pour eux

Le sage est celui qui arrive à tendre vers l'harmonie entre Yin et yang

La raison la logique

Logique flou (le vivant)

Cerveau gauche (Analytique)

FEU

Feu

Ici aussi le côté esthétique des lettres apporte de l'émotion

Cerveau droit (Emotions) ↓ (rapport au côté dessin)

火

Cerveau gauche (Analytique) (rapport à l'idée du feu)

Gauche / droite
bien / mal
ici / là-bas
avant / après
moi / l'autre...

Point de vue différent

Harmonie

Réunion des Contraires

Sortir de l'égo
oublier son individualité
ou l'autre
ne pas penser : moi, ici maintenant
se libérer du point de vue

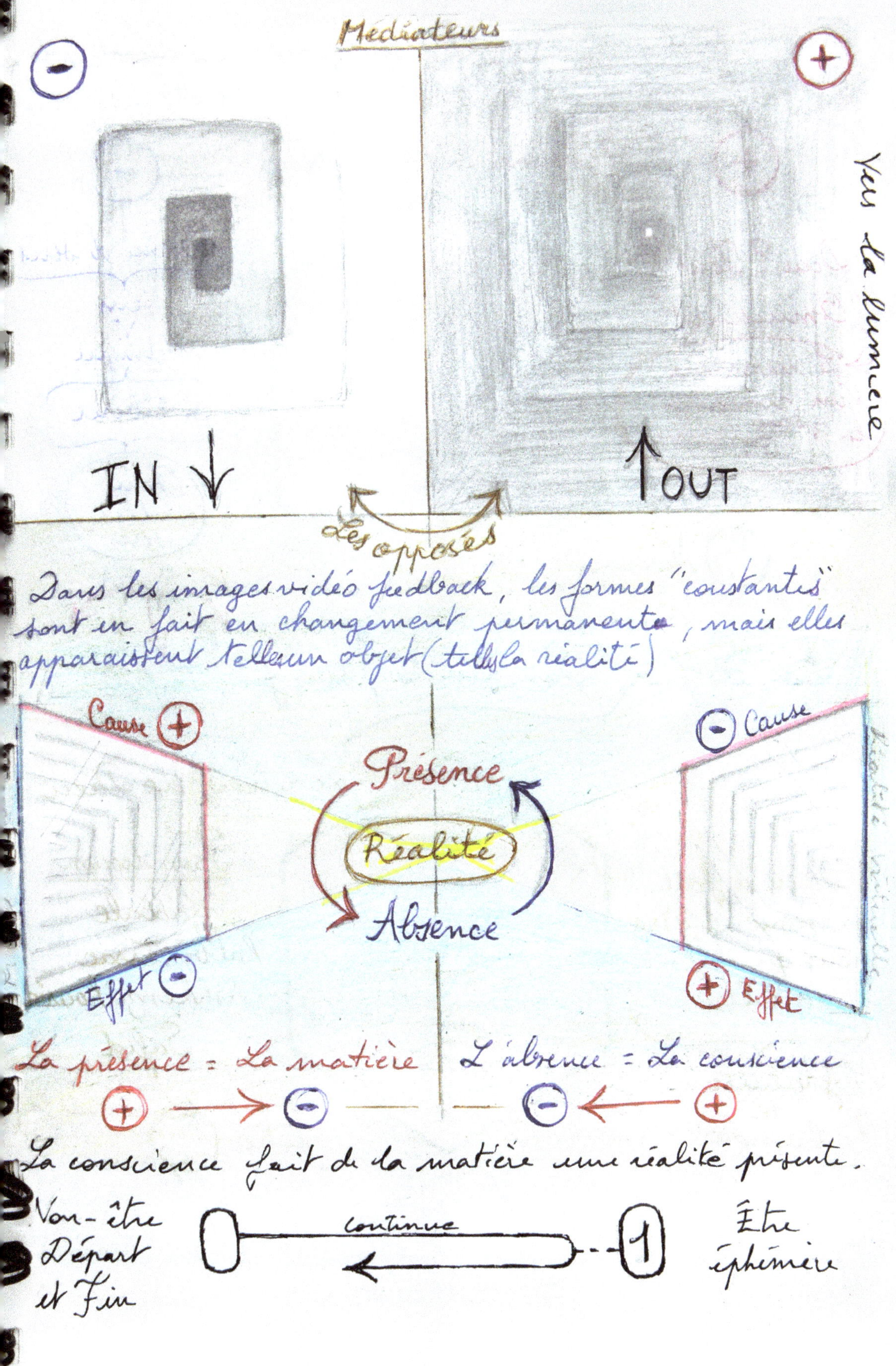
Médiateurs
-
+
Vers la lumière
IN
OUT
Les opposés
Dans les images vidéo feedback, les formes "constantes" sont en fait en changement permanent, mais elles apparaissent telles un objet (telles la réalité)
Cause +
- Cause
Présence
Réalité
Absence
Effet -
+ Effet
La présence = La matière
L'absence = La conscience
+
-
-
+
La conscience fait de la matière une réalité présente.
Non-être
Départ
et Fin
continue
1
Être
éphémère

Le plus petit peut contenir le plus grand. Le départ, le Big bang - La sagesse d'une personne humble.

+ —— Présence et Absence —— −

Dieu? Tout?
"Omniscient"
Le narrateur d'un roman à la 3ème personne.

Absence de sens
Sens
Unique
Se libérer
Tous les sens

Narcisse

En Sof < Sans limite, sans fin, Infini...

Le retrait de Dieu

Dieu se fait manque d'être pour qu'il y est de l'être

Gratuité de l'amour

Tsimtsoum
Kabbale
Rabbi Issac
Ashkenzi-houri
Safid

Echo

Paradoxe
Retenir l'absence
Plein de vide

Reality as an illusion

Indra's net → Śūnyatā (emptiness).

Le paysage du temps s'étendrait de l'horizon du passé jusqu'à l'horizon du futur. Toute distinction entre passé, présent et futur ne serait plus qu'une illusion. Au contraire du temps psychologique, le temps physique ne s'écoulerait ni ne passerait. Il existerait en bloc. Il serait tout simplement. Ce temps physique rejoindrait l'intuition poétique.

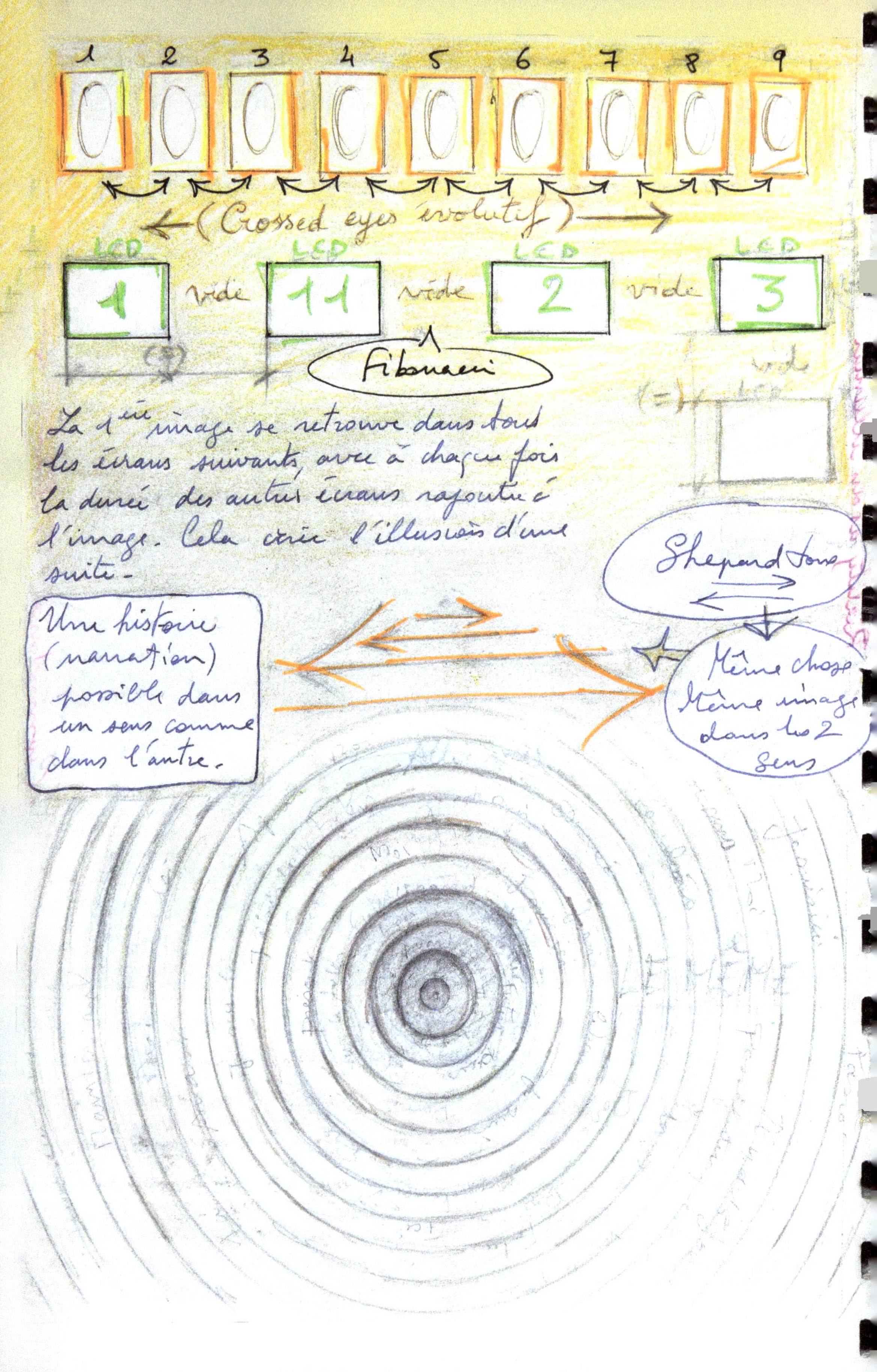
1 2 3 4 5 6 7 8 9
(Crossed eyes évolutif)
LCD
1
vide
11
vide
2
vide
3
Fibonacci
La 1ère image se retrouve dans tous les écrans suivants, avec à chaque fois la durée des autres écrans rajoutée à l'image. Cela crée l'illusion d'une suite.
Shepard tone
Une histoire (narration) possible dans un sens comme dans l'autre.
Même chose
Même image dans les 2 sens

Réel

Virtuel

Le monde

…a réflexion

Réflexion l'un dans l'autre

…ers toujours

Vers toujours

…e monde

La réflexion

Virtuel

Réel

Le monde matériel se reflète dans la conscience. Le réel ne peut apparaître qu'en images. L'objet d'art est une connexion entre l'imagination (virtuelle) et le monde matériel.

La réalité est matérielle mais c'est la conscience qui la fait apparaître. C'est donc dans la partie virtuelle que le réel met sa forme (la réalité). Le monde matériel est transformé en données (informations) par la conscience.

L'oeuvre d'art inverse le processus : → Le réel puis la conscience = "La réalité" - Au contraire : → La conscience → l'imaginaire (virtuel) puis le concret, l'objet dans le monde réel.

Reflet

Miroir

Feed-back

Inversion

Le présent fabrique le passé

L'information que l'on nomme "présent" n'est en fait que l'info venant de se produire - Tel ce que je viens d'écrire.

Figer le présent

Je veux retenir le temps, le temps de le voir, mais pris par le courant de la durée, je vis.

Notre corps matériel se construit par la perte, et dans cet éboulement, notre esprit cherche en vain à retenir la matière, en s'accrochant au vide

Je me matérialise dans une course effrénée, poursuivi par ce vide - peu importe la vitesse à laquelle je vais, il est là ! toujours, derrière moi il me pousse vers l'autre versant, l'autre vide

Construction du passé

fabrication

Une absence à visage réel -

Entre 2

Révéler l'absence lui "donner" corps.

Le monde (la réalité) nous apparaît au moment même où il disparaît.

Voir les choses dans le sens inverse

Je creuse mon histoire dans le futur - Retrouve, et pense me construire. Je Sculpte dans l'avenir mon passé et creuse mon passé dans l'avenir → "Un tunnel virtuel et une boîte matérielle :

Émergence d'une forme. L'absence (le vide) va prendre forme (corps)

Faire le Vide

VIE

permanence

En soi

Voir le vécu soi du point de vue philosophique

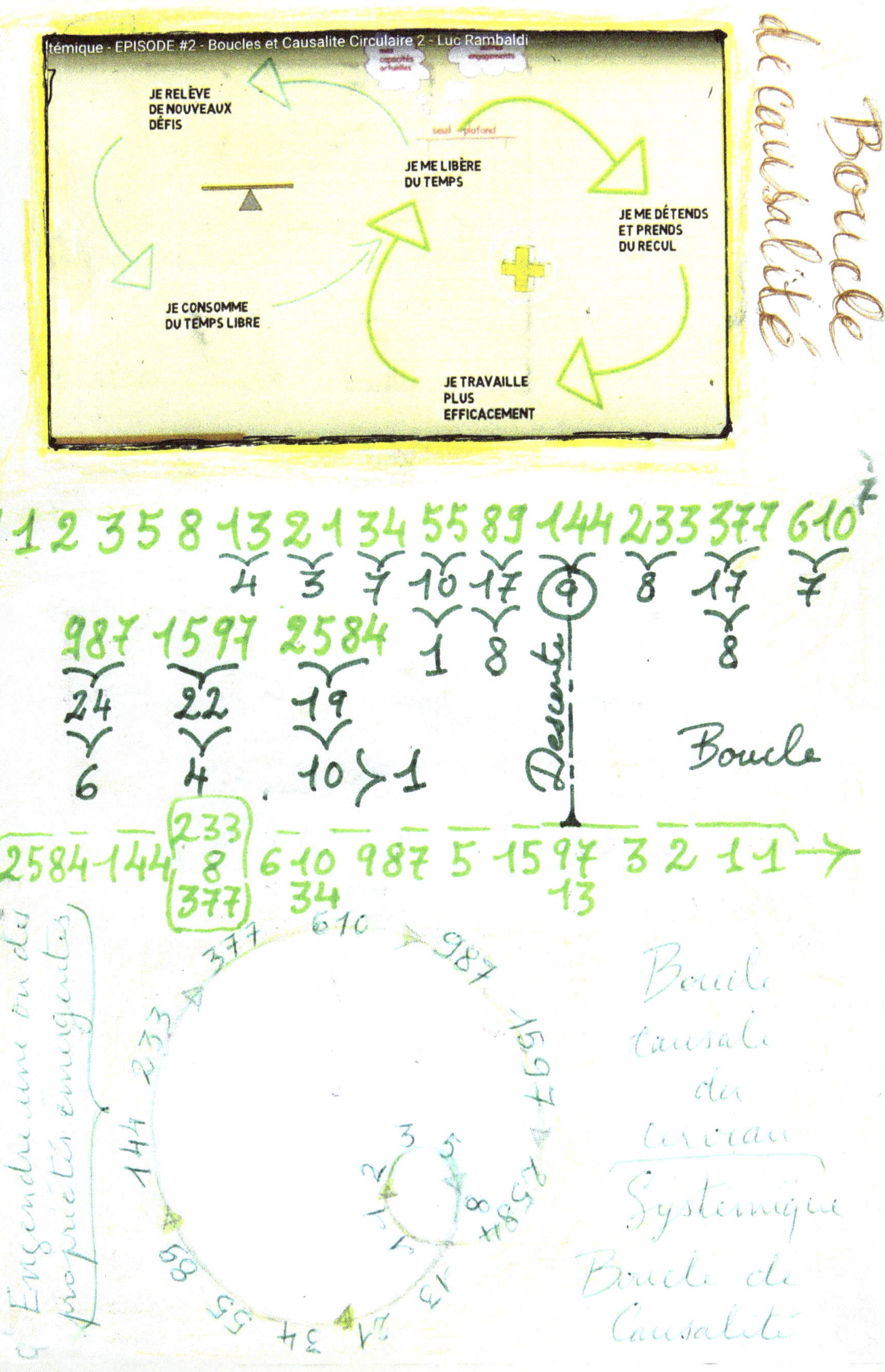
témique - EPISODE #2 - Boucles et Causalite Circulaire 2 - Luc Rambaldi
JE RELÈVE DE NOUVEAUX DÉFIS
JE ME LIBÈRE DU TEMPS
JE ME DÉTENDS ET PRENDS DU RECUL
JE CONSOMME DU TEMPS LIBRE
JE TRAVAILLE PLUS EFFICACEMENT
seuil plafond
Boucle de causalité
1 1 2 3 5 8 13 21 34 55 89 144 233 377 610
4 3 7 10 17 9 8 17 7
987 1597 2584
1 8 8
24 22 19
6 4 10 > 1
Descente
Boucle
2584 144 233 8 377 610 34 987 5 1597 13 3 2 1 1
Engendre une ou des propriétés émergentes
Boucle causale du cerveau
Systémique
Boucle de Causalité

Même

3D dans 2D

Periodic Patterns

Copies

Horizon

Répétition

Fractales

Mise en abyme

Ouroboros

Boucle

Voir à distance

Voir loin derrière

Espace

Temps

Unifié

B

A

A+

A-

Là-bas

Distance

Ici

Perception directe

Durée

Mémoire

Le réel à mon échelle ? L'importance de la taille ? ← (Status)
Je suis ? en rapport à ? Deviens qui tu es ? = Je suis en
fonction d'autre chose que moi (l'individu) => "marc fichou" -
Alors ? = Deviens qui tu es => Nature => Nous sommes
"Deviens qui nous sommes" Unification (Penser unifié)

Chiasme optique

Champs visuel

champs temporel

Chiasme

Gilbert Simondon

La fin de l'évolution biologique → La nature pousse toujours vers le devenir → l'évolution
Evolution technologique
extentions de la nature
La machine → l'émergence
Hybridation? Post humain?

Création?
passage
Médiation
compréhension

Pensée Chinoise

Pensée Occidentale

Cerveau Gauche

Cerveau droit

Accident
émergence
Self-organized
objets trouvés
Le vidéo feedback
Les tâches
Les images trouvées
Organique
Retrouver
Reconnaître
Faire confiance

Intellect pensée
Contrôle
Les textes
Les "créations" Conceptuelles
Conscientes
Mécanique
Logique / rigide
Comprendre
Réfléchir
Prendre du réel

2 parties
réunies
dans
mes
murs
mes
cahiers
mon
Travail

Yin Yang

Vivant
Dedans
Voir
diagrammes

Informations
Dehors
Percevoir

Médiation
Créatif
Passage
Chiasme
Réceptif

La raison

Projection sur le devenir

la réalité

(Informations productions (du passé)

Les plans se dessinent après coup

œil?

⓪ > ① le réel > ②

Descartes, Aristote + modes de pensée qui permettraient de voir en même temps une chose et son contraire !

Hypercube

Escher

Cube de Necker

Taches de Rorschach

Méthodologie

Intellect

Ici il n'y a plus 2 choses opposées ou miroir - Il n'y a plus qu'une seule chose faite d'opposés unifiés

Ne plus regarder les choses en particulier mais regarder l'ensemble

Le sage est sans doute celui qui cherche à tendre vers l'harmonie.

Le cerveau est un assemblage de la sorte - (unifié) - d'ailleurs comme les mondes extérieur et intérieur.

Nature et artifice

Virtuel et réel

passé et futur

etc...

Gauche

Droit

Dialogue

Comme un hypercube dans le schéma ci-dessous mais décalé.

T1

Après

Avant

Espace décalé temporel

Signal sinusoïdal

Boucle fermée ou infinie

Ici infini

Mêmes et opposés à la fois

Ouroboros

Ici refermée

Dynamique, très souvent retrouvée dans les images en mouvement dans le vidéo feedback.

Fréquences fondamentales

Rétroaction

Ouroboros

Le souffle

In

Out

In and Out

Régression à l'infini

L'intérieur, l'extérieur, le haut,
le bas, ici, là bas...
Percevoir, voir, être là, moi, je,
lui, elle, les autres, la chose...
A la naissance s'ouvrent les yeux, la perception, tracé de lign
Une géometrie s'installe et une structure prend
forme. Chaque vie doit avoir sa forme, mais
dynamique et prise dans le temps elle nous échappe.

Connaissance
Information
donc point de
départ à toutes
réflexions

Effacer l'égo c'est faire la lumière en soi.
Être nature ne faire qu'un avec elle
Pour apparaître je dois disparaître
Alors l'horizon s'ouvre vers l'infini

La Vie Création Dynamique

Sans but de finalité, juste le ressenti d'une permanence dans le mouvement.

Present

Present

La permanence n'est pas la chose. Chosifier c'est arrêter, bloquer, ancrer...

Le changement est synonyme de permanence, des copies, les mêmes. La différence n'est qu'illusion. A chaque instant tout est original. Jamais vraiment le même.

Present

Present

Boucle (La chose) dynamique

Comme une brindille enflammée tournée à grande vitesse

(contre argument) entrevoir le contraire

Une direction vers le bas

Venir

FUTUR

BAS

Là-bas

HAUT

PASSE

Ici

Partir

Vu de ce côté la flèche va vers le haut

L'imagination
Sortir du concret
aller au-delà.
Rêver d'un ailleurs, meilleur, d'une autre vie, d'être plus...

La réalité/concrète
Etre-là. Prendre le monde tel qu'il est.
Apprécier le réel, le moment présent.

Surface
Plan
Ici
Concret

2D Cercle

3D Pt de fuite

Présent

3D Horizon

2D Ligne

L'art contemporain ne fait plus le réel mais souffre d'un vide spirituel, ce qui le rend stérile.

Ego c'est l'image du moi et l'absence du soi. Le moi passé le "moi" futur, le soi est ailleurs.
"Être" c'est l'être emporté par la vie. Jamais vraiment et toujours là à la fois — Ne pas s'imaginer est peut-être un départ pour vivre au présent.

Perception de l'ordre temporel et de la simultanéité

Passé

Chiasme

Passé

Futur

Futur

Point de rencontre avec soi

Réalité

Une seule flèche
Une seule direction
Un moment
Une durée éliminée

Expérience

Illusion

Rencontre du même
Rencontre à la fois avec soi-même et l'autre que je suis

Paradoxe de la perception temporelle

Le passé se conjugue avec le futur dans le moment présent. Cet endroit n'est pas habitable "non-place" et c'est pourtant là que nous faisons l'expérience de notre réalité.

Comme une brindille enflammée tournée à grande vitesse, à un moment elle forme visuellement un cercle. Ce cercle n'existe pas pourtant, il est bien là visible devant nous, une illusion. Tel est la réalité.

Système

A — Feedback — B

Oeuvre

− Boucle +

Objet – Finitu

Sortir des systèmes

L'art contemporain

Relation → Objets > Public < Sacré

Système

Dialogue

Artiste ✕ Expo

Feedback

Construction

Autre système

Brancher le son sur le projecteur (Paul Young)

Projo

Le son en image ... des formes des lignes ... d'aspects organisés

Sound device

Système

Système

DESSOUS

Un

Ensemble

Individu

NEANT

Être

NOIR

Tous

NUIT

Seul

CONTRAIRE

Cube de Necker
C'est en voyant le cube dans ses 2 visions que l'on apprécie sa symetrie.

9 (En math)
Diviseur strict
1 et 3
Nombre cubique centré
(représentant) un cube)

10 = 1

Signification ésotérique
4
La terre
le tangible

81 = 9

4

9 Symbole de l'idéal du spirituel.

6+4+8 > 18 > 9

6

8 > 14 > 5

Symbole de l'homme

Pentagramme

Kabbale
Hypercube

Autres mondes
Autres dimensions

Absence ?
La réalité
Le ciel
Présence
Sens
Eux
Voir
Regarder
Vide
Plein
Plein
Vide
Effet
Effet
Cause
Nous
Ressentir
Expérience
Moi
Absence
Présence

La force électromagnétique agit sur la lumière.
(forces cachés de l'univers)

Les images sur l'écran ressem
aux "patterns" de Faraday
(champs de forces étendues
partout dans la nature)

Les 2 écrans (LCD. TV et Tam)
réceptionnent des champs
de forces exterieures.

André Leroi-Gourhan - Spécialiste de l'histoire des techniques = Les techniques "se comportent" comme les espèces vivantes, jouissant d'une force d'évolution qui paraît leur être propre et qui tend à les faire échapper au contrôle de l'homme - P18 (Cerveau augmenté, homme diminué)-

1
Monde
Exterieur Interieur

Exterieur

Causes
Effets
Interieur
Vide
Plein
Exterieur
Causes
Effets

Exterieur

Vide

Plein

Et
multiples

Perception
Réception

2D Dedans
3D Dessus
4D Dessous

Plan
Surface
Reflets
Miroirs
Profonds

Subjectif
Objectif

Champs

Abstrait
Concret

Organique
Géométrique
Structural

Horizon quantique

Lignes

Vagues

Effacement d'un vécu révolu

Effacement de l'horizon

Réalité
Perception

Horizon du connu

L'œil regarde le passé. Il en est donc de même pour le cerveau. Pour voir vraiment il est préférable de fermer les yeux et d'oublier.

Début — milieu — Fin

Il y a le moi "matériel" qui ressent avec ses tripes
Il y a bien des neurones dans l'intestin
l'intuition, la sensation du monde. Il y a l'idée
du moi "mental" qui se pense à l'aide de cet
organe froid que l'on nomme "cerveau".

Pyramide

Double

Toutes les directions

Flèches intérieures extérieures

3D

Pas de sens
▽
Directions
▽
Symbole
▽
Inverses

4
1
3
2
7
6
8
5

2D

Chiasme
Formes

Étoile de Salomon

Cube

6 8 9 0

1 2 3 4 5 . 7 . .

7
8
5
6

4321

268 + 10 = 18 → 9

Prendre exemple sur la nature

Nous sommes "nature"

Machine / Nature

Écran LCD + Nature

9

Duo?

Terre 1 2 3 4 5 6 7 8 Ciel

Marelle

123457
12345

L'oeuf et la Poule

ou

Horizon réalité

La non Forme

Les apparences

Idées

Les Formes

Ombres de la non-forme

Ext

Fabulateur

Objet

Récepteur

Int

Futur

la non forme

Le monde Extérieur

Ext Le sujet sont une absence

L'objet est le support du réel

L'espace qui l'entoure n'est qu'une image dynamique

Retour

Contre-sens et sens : La même chose

Shepard Tone

Feedback

Escher

Magritte

Boucle temporelle — Echelle : un point de vue, une opinion

Effectivement, toute représentation est une temporalité comme l'est notre réalité puisqu'elle émane d'un seul point de vue.

Le réel n'est en soi qu'une totalité non localisable.

Perspectives

Haut Bas Loin près etc...

B Formation d'une Spirale

34 | 21 | 13 | 8 | 5 | 3 | 2 | 1

Ecran LCD

Dans le système VFB
Echelle cosmique

La terre tourne autour du soleil et sur elle-même. Le soleil tourne dans la galaxie qui tourne sur elle même etc... L'Univers est en expansion, ce qui engendre le fait que tout ce qu'il contient voyage dans l'espace à très grande vitesse.

Spirale cosmique

A grande échelle la compression spatio-temporelle n'est plus comme la page de gauche, mais un écrasement en spirale, comme le dessin ci dessus. Donc dans cette version à grande échelle, l'observateur doit être Dieu ou utiliser un outil pour voir de très loin.

Passé
Futur
Observateur

Le peintre dans sa représentation de l'espace non seulement écrase l'espace sur un plan 2D. Mais écrase aussi le temps, celui qu'il prend pour réaliser sa toile.

Au contraire de la photographie qui saisit l'espace dans un temps nul. L'instant.

Ecrasement Spatio-temporel

Limite

Limite

L'instant (le temps chosifié) est une aberration mathématique.
La vie s'écoule telle le fleuve et ne se fige nullement.

Le passé — La durée du présent — Le futur
~~un tout dynamique~~

Durée Psychologique où Passé et Futur cohabitent encore et déjà.

0011 1011 1111 0111 0010 1010 0001 1001 y 0110 1110 0101 1101 1000 0000 w z 0100 x 1100

0011 1011 0010 1010 1011 0011 1001 101 0010 0000 1000 1010 1010 1111 0010 1100 0110 1110 1111 0110 1110 1110 0110 1011 0010 1010

L'œuf ou la poule? La poule ou l'œuf?

Absence → Présent

Frontière

Vagues

Esprit

Matière

Corps

Ondes

Particule

Absence

Virtuel

Présence

Horizon

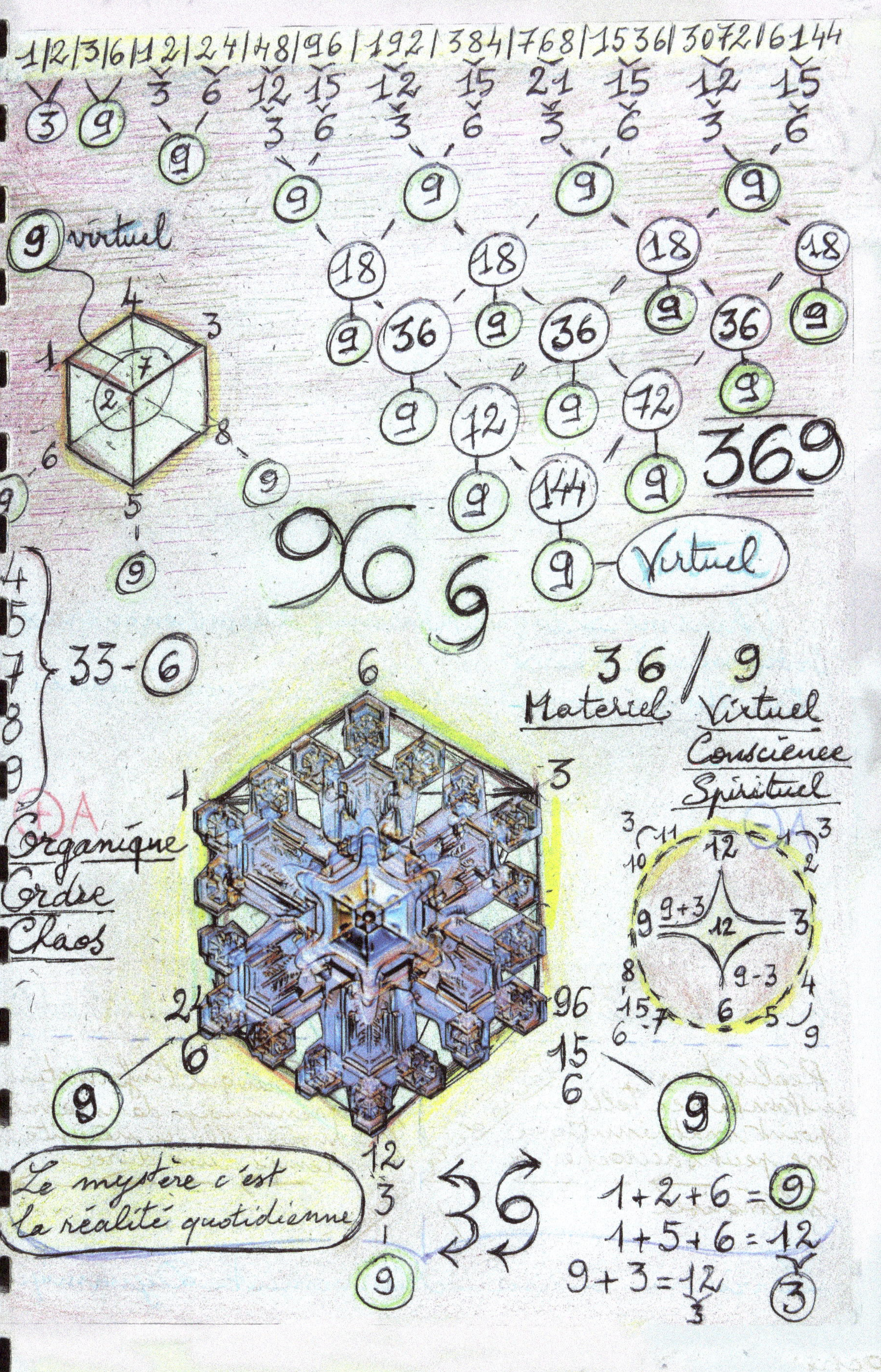
1 | 2 | 3 | 6 | 12 | 24 | 48 | 96 | 192 | 384 | 768 | 1536 | 3072 | 6144
9 virtuel
369
96
9
Virtuel
33 - 6
36 / 9
Materiel
Virtuel
Conscience
Spirituel
Organique
Ordre
Chaos
Le mystère c'est
la réalité quotidienne
36
1+2+6 = 9
1+5+6 = 12
9+3 = 12
9+3
9-3

Poser la question : Qu'est-ce que l'art ? c'est comme demander qu'est-ce que la vie ? Littéralement la vie c'est la nature et sans doute l'art est une tentative de contourner les apparences en la réarrangeant sous des formes nouvelles : Voir derrière les apparences, le connu, les habitudes, le familier, l'incontournable. Quand il servait la religion, celle-ci a grandement exploité cette aptitude qu'a l'art à révéler.

Cône de Lumière

Passé

Futur

Chiasme → du grec khiasmos (disposition en croix, croisement). Khi : X

Ex : "Un roi chantait en bas, en haut mourait un dieu"

A⊖

A⊕

Crossed eyes

Un jour la vérité s'est révélée à moi mais j'ai aussitôt oublié

Réalisation instantanée telle un point mathématique ne peut s'accrocher, se mémoriser

Saisie de la vérité

Instant

Pour que l'information prenne corps dans la mémoire celle-ci nécessite du temps, une durée

La vie — Durée — Mouvement — Dynamique

Direction des évènements extérieurs

Contact avec le sujet

Direction Intérieur

A partir de ce point "le pièce vable" apparaît en s'annihilant à la fois comme le fait un feu d'artifice.

Futur

Réel

Imaginaire

La mémoire l'analyse la réflexion sur l'action etc... Comme rebrousser chemin, remonter dans le temps!

tel un voyage sur place comme le rêve

2D Linéaire Plan "Flatland"

Potentiels

Les Possibles

Réel

3D Holographique

Un possible réalisé "Réalité"

Monde virtuel Imagination mémoire pensée "Informations"

Monde Extérieur

Monde matériel dynamique et fluctuant.

Centre

H B

4D

2.3D → 4D Hypercube

Vidéo Feedback "angles" –

Opposés inversés

observateur

Présent

Le problème avec la représentation du cône de lumière c'est le point où se situe l'observateur un instant un point mathé[matique]

Point de la durée présente

Futur

Passé

Je suis qui j'étais et serai qui je suis –

Le présent où le réel s'appréhend[e] devrait être représenté comme une durée – En quelque sorte attaché au passé comme au futur. tel ce croquis

Passé

Futur

2 miroirs face à face

Hémisphère gauche

Intellect

Passé

Rationnel

Hémisphère droit

Emotionnel

Présent

Intuition

Le crâne prend la forme du cerveau ?

Le cerveau prend la forme du crâne ?

Enregistrement du monde extérieur – fabrication de l'infos.

Passé

Futur

Futur vers le passé ou fabrication d'informations

Cosmos – Psychologie – Sociologie – Biologie –

Le tout est plus que la somme des parties –

Dieu ?

Musiques des sphères –

Shepard tone

Symboles

Objets

Sphère

Cycle

Unifier les opposés → comme le réel et son reflet (inverse) –

Douceur du miel.

Piqûre de l'abeille.

Symétrie → Le réel et sa copie

Couper de moitié un rocher

Cube

La moitié gauche est répliquée. Ensuite la copie est juxtaposée à la partie réelle créant ainsi une symétrie

5 + 4

Peut-être peindre la copie de la même couleur que la partie réelle?

4D

Penser l'être en 4D. Se voir réellement, dans sa globalité, pas comme un objet, vu sous un seul angle : Roi, corps, cerveau, identité... Sortir du connu?

Voir

Percevoir

Lâcher le contrôle c'est reprendre le contrôle

honnête

Libre

Rien en particulier

Comment

MAL

BIEN

EGO

HO!

Contraire

Le

Inverse

même

Opposé

Le centre de tout?

Le bord, la limite, la fin, le début...

0) Distance infinie (1

Ouroboros

à 2 Têtes.

Courte durée saisie dans le tout : Notre réalité.

Observateur

Temps

Passé

Futur

Infos

Perception

Présent

Espace

Extérieur

Intérieur

Voyage intérieur

Nuit
Jour
Nuit
Jour
Nuit
Jour
Nuit
Jour
N...

A un certain âge "certain", une porte se franchit. Cette porte mène vers les ténèbres.

Modèle cosmologique bi-métrique.

(Le présent comme un plan 2D écrasé)

Modèle de Janus

Présent

Vers le passé ← → Vers l'avenir

Janus (mythologie) "Dieu Romain" des commencements et des fins, des choix, du passage des portes. Une face est tournée vers le passé, l'autre vers l'avenir

Matière

Esprit

Centre

Paraître	Être
1 ←	0
Pensées	Sentiments
Me percevoir	Me ressentir

Paréidolie : → "Apparence, Forme"

Identification d'une forme familière dans un paysage donner forme à l'informe → ex Un visage dans les nuages

(Sens caché)

☺ = visage

Analogies

Comment comprendre le réel ? Comment saisir l'insaisissable ? Comprendre nécessite l'outil intellectuel, le cerveau, celui-là même qui divise.
Le réel est un flux dynamique "évoluant" vers rien en particulier. Notre corps évolue au rythme de ce tout dynamique, il en fait partie. Au contraire de notre pensée (notre intellect) qui ordonne, revient en arrière etc... Je dois libérer mon esprit, me laisser emporter par "le flow", tel une branche dans la rivière. De toute les manières ai-je le choix ? Resister c'est aller à contre-courant, faire du sur-place et s'exténuer.
Donner sens au non-sens, forme à l'informe → Illusion.
Ce qui fait sens aujourd'hui, fera t-il sens demain ?

Libre d'être

Je suis

Infini

Intuition

Les possibles...

etc à l'infini

Quelque part dans le temps

Espace temps

1D 2D 3D 4D 5D
6D ....

the other ways

Our way

Ce point n'existe pas vraiment. Il passe → Il n'est qu'en référence à un autre point.

Matière
Virtuel

— Concentré
— Dispersé

Exister à une échelle c'est Disparaître à une autre

Echelle

Fractales

En est-il de même pour une certaine échelle ? mon corps se distingue et m'apparaît plus distinct
En est-il de même pour l'univers ? Echelle 2

Dispersion de la matière

Matière plus ou moins dense -
Echelle X

Importance de l'échelle - point de vue Spatio-temporel

Deux choses 2C

Une chose 2 composants

Echelle 1 : Les 2 bâtons sont collés

Echelle 2 : Les 2 bâtons sont séparés

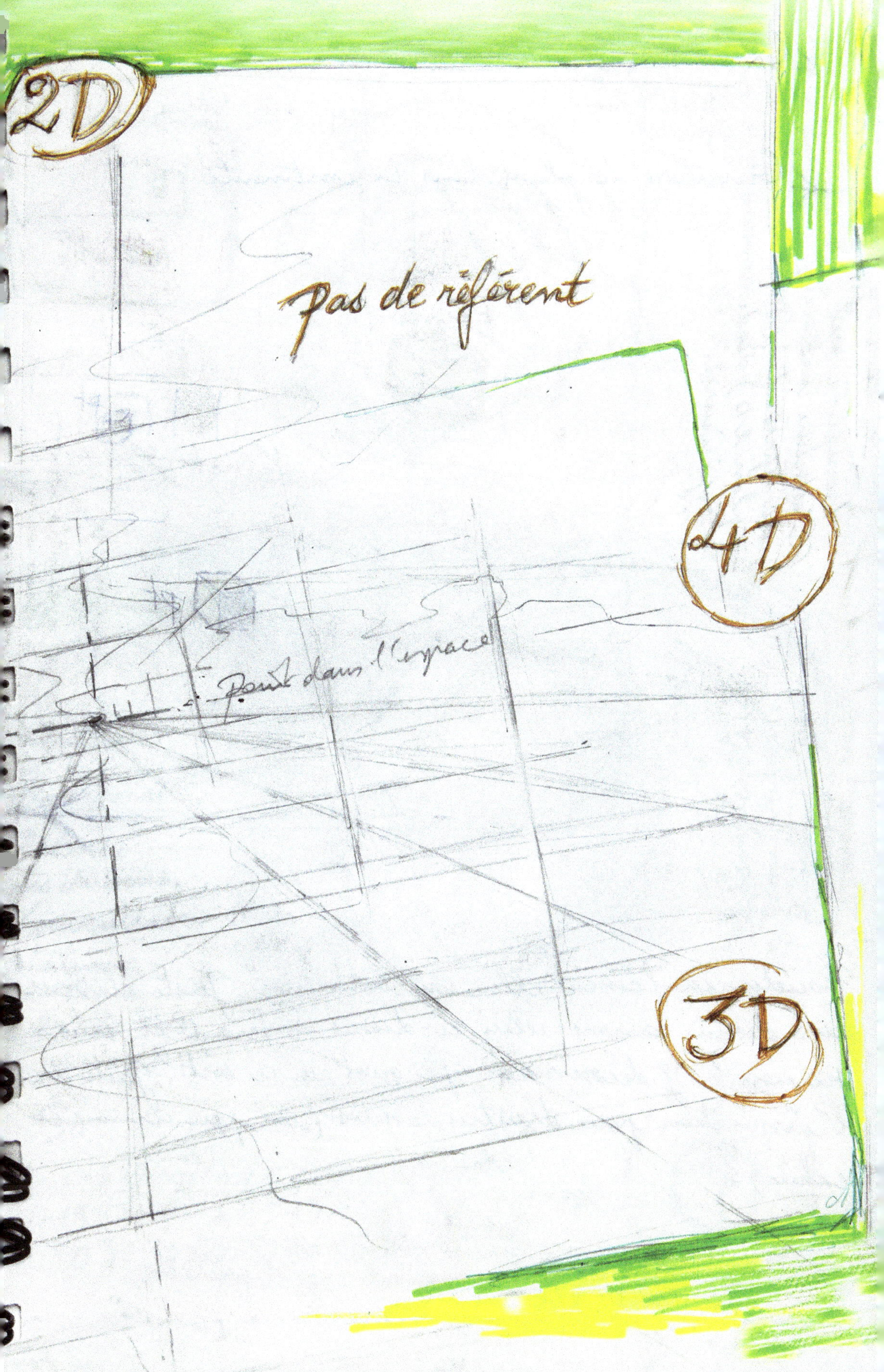
2D
Pas de référent
4D
Point dans l'espace
3D

Ouverture de plan dans la continuité

"Trompe-l'oeil"
C'est une manière de représenter (sur un plan 2D) des dimensions supérieures.

Plan

pt

pt

pt

Là et Là-bas

Effet.

pt

Ouverture d'une autre dimension dans le

Plan

Distance

Plan

Procéder en laissant aller son "intuition". Juste élaborer un dessin comme celui ci-dessus → fera t-il sens ou non? Y découvrirai-je quoi que ce soit? Juste de l'inspiration pour d'autres dessins (un peu comme ce cahier)?

Equilibre

Volume Espace 3D

Matière

Réalité matérielle

2D Symbol

Idées 4D

Réalité Virtuelle

← Boucle → Linéaire →

0 1 2 3 4 5 6 7 8 9 10 11 12 13...
9 8 7 6 5 4 3 2 1 0
10 10 10 10 10 10 10 10 10 10 → 2 3 4...

La mort ? Le soi ?

Ouroboros

2 sens, pas de sens. Mouvement statique. Les 2 à la fois.

Semble être contraire. Pourtant tournant en boucle (sur soi) les 2 flèches vont dans le même sens.

20 21 22 2
29
50

10 11 12 13 14 15 16 17 18 19
20 19 18 17 16 15 14 13 12 11
30 30 30 30 30 30 30 30 30 30

été 9 10 1 1

1 1 2 3 5 8 13 21 34 55

Espace dans l'espace

Ouverture dans l'espace

⊖ Absence

Presence ⊕

⊖ Absence

Presence ⊕

La chose élimine le néant. Rien est une chose.

"le néant lui-aussi devient objet."

Puits formé par le temps

Positif ⊕

Puits d'espace temps (rapport à un point donné)

Négatif ⊖

Mise en abyme plan 2D.

Illusion? Réalité? Mirage?

Vers le passé. Vers le futur. Toujours dans le présent.

Le présent encadré par deux absence.

Spirale : Temps

Carré : Espace

ROUGE
+

Partie positive

Retrait du sujet
ou
sujet devient "l'absence"
- Reflet du monde
extérieur
+ L'absence est
devenue présence
- et vice-versa -

Chose
L'opposé
devient la
chose

Bleu
-

Partie négative

⊗ Présence de
l'absence

- Absence du
sujet.
- Absence de vie
et présence des
contours, des
bords, limites.

Voir la chose
et son opposé
en même
temps.

Encadrer

C'est la partie vide qui s'habite.

La limite délimite

VOIR percevoir

Connaître

Savoir

Imaginer

Penser

Se souvenir

2D Sceau de Salomon

3D Cube

Sculpture
(Matière)

Symbole
(Esprit)

Cube
1 plan

l'œil

où se situe la frontière ?

L'oeuvre est telle un reflet - Comme les images du monde dans notre tête. Le monde se reflète en nous - Nous sommes des miroirs pensant - Nous transformons les images en symboles, en émoti[ons] en idées etc...

Rétroaction

System

Feedback

Ciel Formes

Montagnes

Beau, Mauvais temps

Chaud, froid

Terre

Souvenirs

Matériel

Virtuel

Aimant

Force

Force

Aimant

Doubles, copies, reflets, jumeaux, feedback, mêmes. Opposés, contraires, ...

Puits Temporel

Information

Durée présent

Information matérielle

?? Prendre conscience Conscience ?

Etre
Libre
Exister

Psyché
Je suis
L'objet
Sujet

Vortex

Ici
Maintenant
Pendant

Là-bas
Avant / Après

Passé

Futur

5

13

8

4

Je devais savoir qu'un jour je partirai dans les dunes, ce jour là je devais savoir.

1 2 3 4
3 7
10

Pitchoune

Devant

Le vent souffle très fort dehors
Dehors le vent souffle très fort.

Swastika | Croix gammée
Chiasme

Reflets

Inversés

Opposés

Même

Cube

2D symbole — Esprit
3D Réalité — Matière

2D réalité

3D

Etoile & Cube

Saisir plusieurs dimensions à la fois + Ci-dessus : Le cube 3D + la croix de Salomon 2D Symbole et objet.

Objet —— Image
Présent —— Passé

A 0 Direction vers la droite obligatoire 1 B

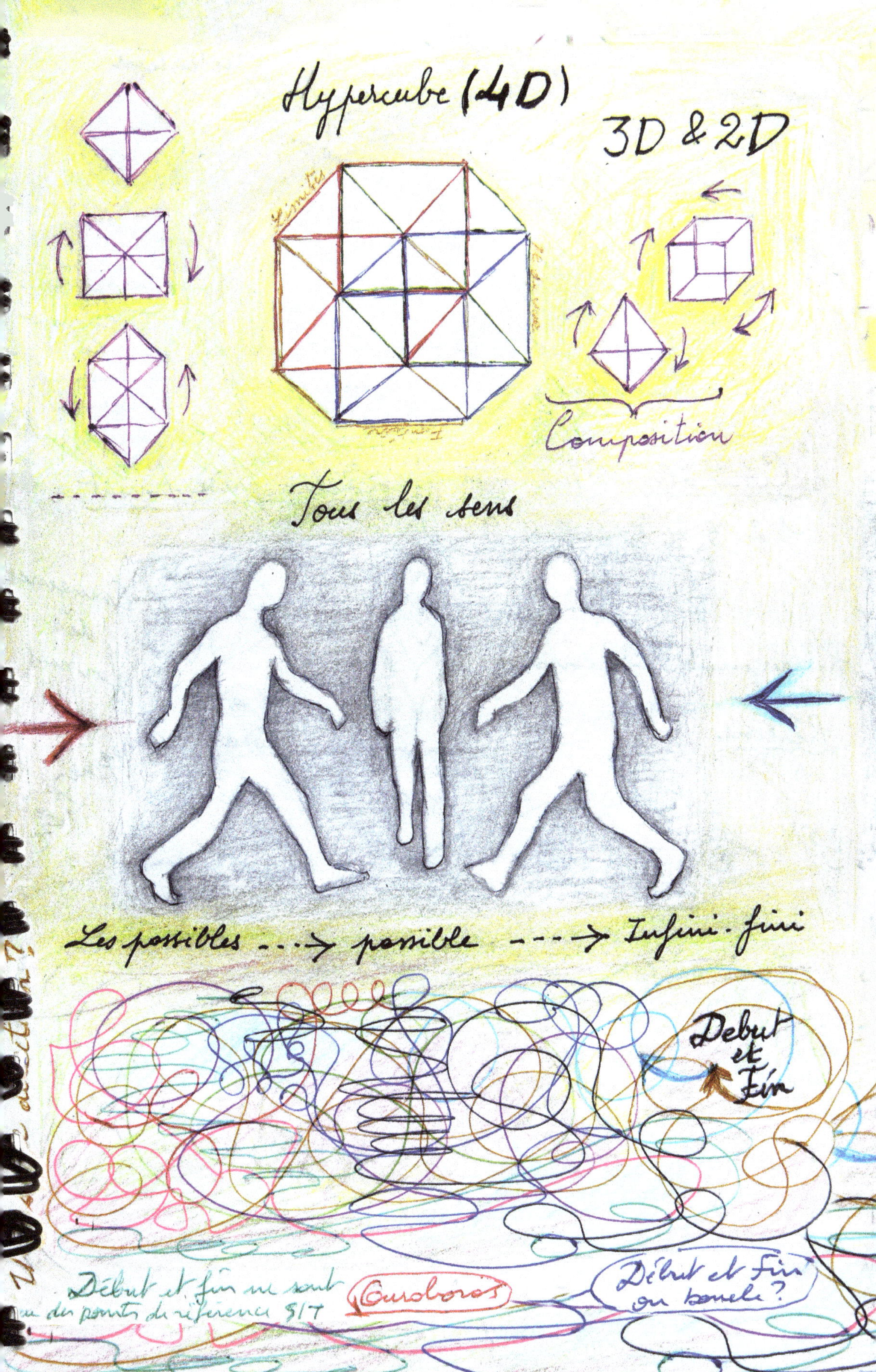
Hypercube (4D)
3D & 2D
Composition
Tous les sens
Les possibles ...→ possible ---→ Infini · fini
Debut et Fin
Début et fin ne sont
des points de référence ?!
Ouroboros
Début et fin ou boucle?

Phase | Médiateur

Singularité

Jour endormi

Phase intermédiaire

Nuit éveillé

Chute fractal Ressenti lors de la tombée dans le sommeil

Phase intermédiaire

Point Changement d'état

Contrôle / Jour + Lâcher prise / nuit

1 2 3 4 5 6 7 8 9

7 11.12 Choses

Réarrangement 18 19 connu

9 10

Réaliser

Emergence des formes

Imaginer Libre

Choix

1 possible

Passage

Possibles

2 D Début et fin

Je n'ai pas oublié mon père je ressens seulement son absence. De toutes les manières il était absent même de son vivant. Sa présence telle que je la ressentais n'était qu'une fabrication de mon imagination.

Le cerveau est un organe → (organique) et notre mode de pensée est géométrique.

L'oeuvre d'art c'est l'objet dont une fin. Pourtant comme la vie, c'est dans l'évolution dynamique de la création que se situe l'essentiel. La vie n'a pas de sens, pas de raison etc... Evolution créatrice, voilà ce qu'elle est. Si l'artiste s'en tient à la nature il suivra ce chemin.

Centre très matériel et complexe allant vers une simplification de lignes sur canvas. Ouverture vers un Pensée

CREATION EMERGENCE

Même chose avec le vidéo feed back mais à l'envers partir du virtuel vers la matière et la finalité.

Comprendre ce n'est pas apprendre mais plutôt désapprendre ce que l'on a appris par l'étude ou l'expérience. Comprendre et entendre sont des synonymes.

PAREIDOLIE

S'il y a objet pour la création alors c'est la création même qui en est l'objet. Si l'homme tend vers la chose c'est qu'il tend vers lui-même. S'il y a un créateur, ce créateur tend vers sa propre création. Je veux dire qu'il se fait être et être qui il crée.

Dieu créa l'homme qui le créera. L'homme créa Dieu qui l'a créé.

Absence / Présence

Présence de l'absence

Virtuel / Réel

Un œil virtuel

Feedback

L'absence comme objet

Soleil noir

Inverses

Chiasme

Shepard Tone

Paradoxes

Prendre le temps de ne point le perdre (Aphorismes)

1 2 3 4 5 6 7 8 9 = 45 > 9

9 8 7 6 5 4 3 2 1 = 45 > 9

10 10 10 10 10 10 10 10 10 = 90 > 9

27 (9)

Dans la rotation du cube seul 2 et 7 doivent rester à leur place (cruciale).

La rotation du cube dans l'espace donc en mouvement forme "la spirale temps".

Phi spiral

Chiasme total – Flèches opposées dans tous les sens – ↓ ↗ ↑ ↙ ↖ ↘ ...

Phi spiral créée par le temps au travers de l'espace, ou espace-temps.

Les radiolaires sont des zooplanctons marins

Images de zooplancton

Cirlogonia icosahedra

La symétrie comme deux images miroirs se faisant face harmonie des contraires

Necker cube

Emotionnel

Intellectuel

La symétrie comme perfection émane du tout Harmonie

2 flèches opposées - Présent

Centre

Passé

Futur

Dans le monde extérieur mon corps n'est qu'une machine biologique dirigée par mon cerveau.

2 ways to see the world

Duality

Opposites reunited

Real Vision

Le monde ne fait qu'un avec la conscience et à la façon d'une fractale

1

Opposés

Miroirs

Paradoxes

Symétrie

2

tout

Unifié

Inséparable

Hilbert space

Absence ou Présence ?

Holons

Ma réalité est une absence bien réelle. Mais qu'en est-il du réel sans observateur ? Ya-t-il "vide" ou "plein" sans analogie ? Donc un ou des points de référence spatio-temporels ?

Partie vide ou partie pleine ?

Quand la forme prend corps, elle remplit un espace ou le vide-t-elle ?

Nous

−

+

Objet

ou

Contour

Ne pas être dans le contrôle

Par nature

L'intérêt principale d'une oeuvre d'art n'est pas l'objet mais ce qu'il contient

Emergence

Apparaître

Disparaître

Dynamique

changement

laisser la forme émerger !

ex : un assemblage un collage etc...

Multiple

Ordre

Unique

Emergence

Tous les possibles

Direction sens vision futur ambition ...

L'art est création, par opposition à la nature auto-générée.

Kabbala

Cube de Necker

Hypercube

miroir

Dance Spirale

Rumi

Souffi

Derviche tourneur

Même

Vers le petit

Vers le grand

Loin derrière, loin devant. Dans le passé et vers le futur. Direction? Aller vers toutes les directions.

Un sablier se vidant des 2 côtés

Sablier

miroir

Rotatif

reconnaissance d'autrui pour exister? Le monde, l'univers, a besoin d'un regard extérieur pour "prendre corps".

Nautre

IN

OUT

Le monde extérieur n'existe qu'en fonction du monde intérieur (conscient) et pourtant le monde intérieur est façonné par le monde extérieur.

The dynamic interaction between screen and camera (observer and observed) creates the image and the motio

Outside World

Camera

Memory

Ident

Moi

Ego

Observation ⟷ réflexion

Brain

Screen

Feedback

Camera

eye

(Memory)

No outside world

L'image sur l'écran est générée par le va et vient entre l'observant (la caméra) et l'observé (l'écran LCD). Dans le cas du dessin, ci-dessus, c'est une image ind-endante du système (le monde) qui est observée. Ou bien le monde extérieur n'est qu'ondes (vagues) structurées par le cerveau sous forme d'images organisées. D'une certaine manière, comme ce qui se produit dans le système vidéo-feedback. "Principe holographique?"

1a Janvier 2020 Soueich

6 Pyramides pointes ou 4 Pyramides

Comme pour les VFB / Centre convergent

Haut, bas, loin près... Ref

Le cube est fait d'autant de vide que de plein

Plein

Nord

Est

Sud

Vide

Plein et vide selon l'inclinaison

Hypercube

Géométrie . Vidéo feedback . Nature . Cerveau Conscience

Image 1 | Image 2

T_1 T_2

→ Amalgame

4 3

1 2 8

7

6 5

Rapprochement intellectuel de tous les morceaux textes-Schéma etc...

Deux vides donnent une chose : Des opposés et le même pourtant

Passé
moi avant
Futur
moi plutard
Moi maintenant

Un pont
entre 2 vides

Infini ou fini ?

Ou Singularité puis émergence ?

1+2+3+6+12+24+48

Il y a un retour obligatoire

Détachés
opposés
Attachés
Même sens

Infini

Fini

Auto création
Auto générée

Ici

4

Où ?

Naissance (au sein d'un hypercube) d'une forme organique auto-générée

1

3

Singularité

Critique
3D - 7+2
2D - 9
Réel

6

8

Ailleurs

Nulle part

Vers (l'infiniment petit) ?

5

Vers (l'infiniment grand) ?

Video feedback

Zoom out

LCD

Point de rupture
Singularité

Naissance des
images orphelines

P

Zoom in

Ecran

Oublier
Se perdre
disparaître
Eveil

Les constantes

Nature : Fibonacci, PI, ...

Information

1 2 3 4 5 6 7 8 9 - 7 - 6 - 5 - 4 - 3 - 2 = 1

Dans la forme des souvenirs le cerveau stocke l'information. Il les compresse, ou plutôt, compresse les éléments vitaux (nécessaire à la survie) → Point de singularité retenant l'essence de tout ce qui a été cumulé pendant le vécu. Pt de S d'où émergera les idées appropriées aux situations présentes.

ZO

1

2

ZO

ZI

Zoom in

ZO

N

N

Zoom out

My friend Larry is very ill I feel bad -

Cela fait naître en moi des regrets. J'aurais pu faire ceci ou cela. Je suis moi. Merci Larry et je suis vraiment désolé de ne pas être à la hauteur. La peur

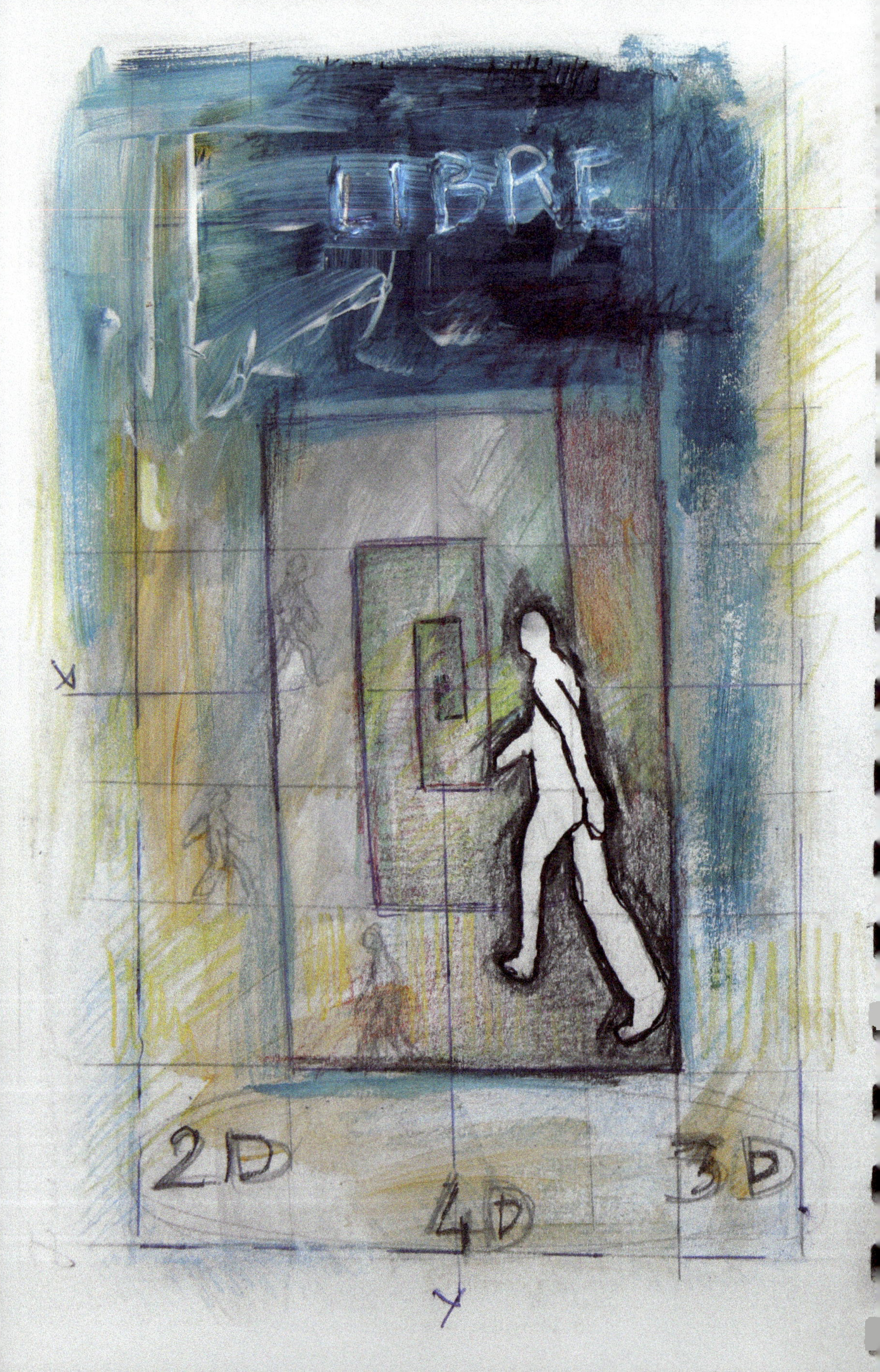
LIBRE
2D
4D
3D

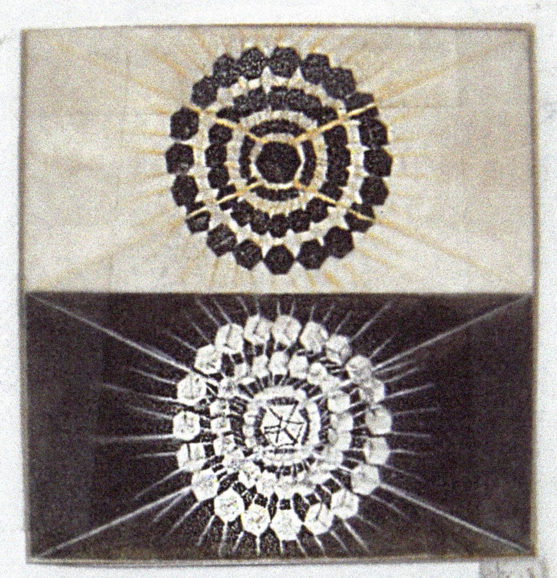

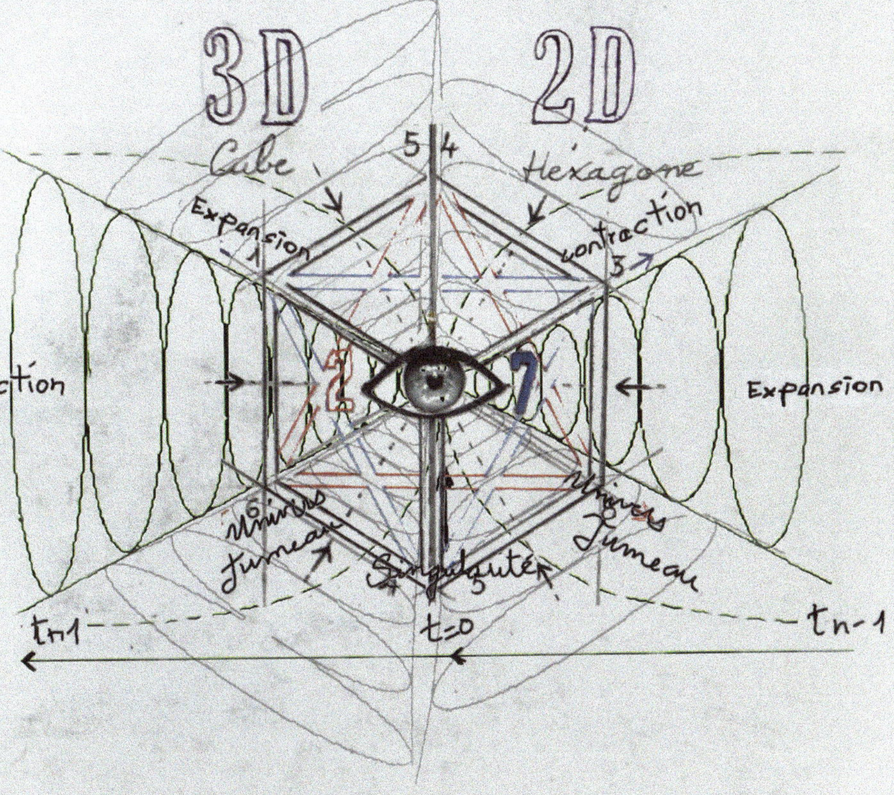

3D 2D

Cube Hexagone

Expansion contraction

contraction Expansion

2 7

Univers Jumeau Univers Jumeau

Singularité

tn1 t=0 tn-1

French artist Marc Fichou has been active in the art scenes of Los Angeles and New York since the 1990s. He now lives with his partner and fellow artist Lauren Marsolier in the south of France. His video installation, painting, sculpture and other multimedia work can be viewed at his website: www.marcfichou.com.

www.ingramcontent.com/pod-product-compliance
Ingram Content Group UK Ltd.
Pitfield, Milton Keynes, MK11 3LW, UK
UKHW061953290726
14090UKWH00021B/1215